JN188766

もっと知りたい！

イマドキ 韓国ナビ

監修 朴 倍暎
（パク ベエ ヨン）

日本女子大学国際文化学部
国際文化学科教授

CONTENTS

CHAPTER 1
韓国の基本情報

CHAPTER 2

韓国の政治・産業・学校

CHAPTER 3

韓国をもっと楽しむ

はじめに

　かつて日韓関係を表すことばとして「近くて遠い国」というものがありました。そのことばが示す通り、両国の間では過去にさまざまなできごとがありました。

　しかし、いくつもの時代が変わり、今ではそのことばも「歴史上の用語」になりつつある、という印象さえ受けるようになりました。というのも、幅広く展開される最近の両国間の交流、とりわけ活発な文化交流などは、以前なら、想像もできなかった現象だからです。「近くて遠い国」の時代は過ぎ去り、まさに「近くて近い国」の時代が到来したのだと、そう言ってもいいかもしれません。

　さて、本格的な交流の時代を迎えた昨今、韓国に関する基礎知識の習得は、より近く感じられるようになった韓国を楽しむための最も有効な手段となります。本書は皆さんをその「変化・交流の時代」へ案内するために記されました。まず、本書があつかう内容は、社会、政治、経済、歴史など、韓国社会の根幹をなす領域から、最近、皆さんに大人気なK-POPをふくむ大衆文化にいたるまで他方面にわたります。読み続けるのに負担のかからない分量および書き方になっていながらも、なお、最新の分野までもくまなくしょうかいしている本書は韓国を理解するための最良の入門書だと思います。

　皆さんも本書を道しるべとしながら、「近くて近い国」となった韓国を体験してみませんか。

日本女子大学 国際文化学部 国際文化学科 教授

朴 倍暎

① **テーマ** しょうかいするテーマとその説明です。

② **内容の解説** 色付きの文字や写真、イラストがあるので
ポイントを押さえながら読むことができます。

③ **ことばの説明** 文章中の難しいことばを説明します。

④ **Koreagram** SNSモチーフの画面。ハッシュタグ（#）で日本語と韓国語が
書かれています。韓国語を読むことができるかな？

⑤ **コラム** テーマに関する豆知識をしょうかいしています。

CHAPTER 1

韓国の基本情報

한국의 기본 정보

韓国マップ

韓国の正式な名前は、大韓民国（だいかんみんこく）といい、首都はソウルです。面積は日本の4分の1くらいで、日本よりせまく、人口は日本の半分くらいです。

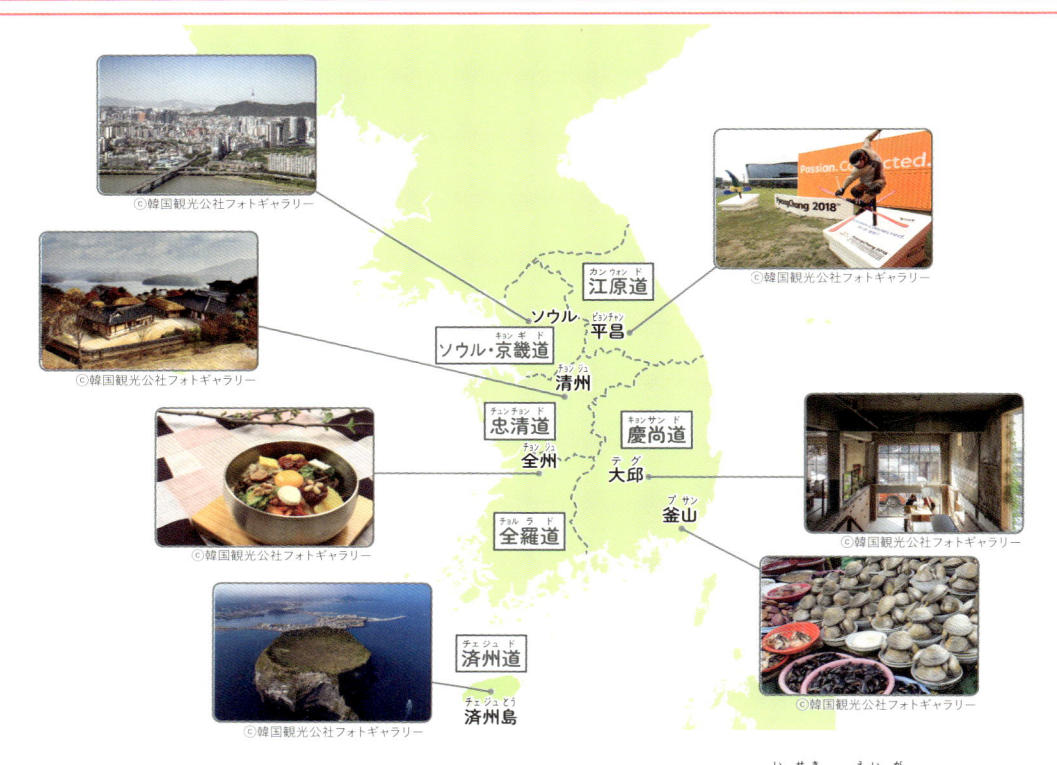

ソウル
ソウル・京畿道（キョンギド）
清州（チョンジュ）
忠清道（チュンチョンド）
全州（チョンジュ）
全羅道（チョルラド）
江原道（カンウォンド）
平昌（ピョンチャン）
慶尚道（キョンサンド）
大邱（テグ）
釜山（プサン）
済州道（チェジュド）
済州島（チェジュとう）

©韓国観光公社フォトギャラリー

6つのエリア

　韓国は面積が約10万km^2※、人口は約5,156万人※の国です。使われている言語は韓国語、ハングルで書き表します。韓国は上の図のように6つのエリア（行政区分（ぎょうせいくぶん））に分かれていて、首都のソウルはソウル・京畿道（キョンギド）の真ん中あた

りにあります。遺跡（いせき）や映画（えいが）のロケ地が多い忠清道（チュンチョンド）、日本でもよく知られた料理「ビビンバ」の本場全州（チョンジュ）がある全羅道（チョルラド）、海の幸が楽しめる釜山（プサン）、カフェや市場が人気の大邱（テグ）などがある慶尚道（キョンサンド）、平昌（ピョンチャン）オリンピック開催地（かいさいち）がある江原道（カンウォンド）、韓国の南西の島・済州島（チェジュとう）がある済州道（チェジュド）があります。

※出典：外務省ホームページ　（https://www.mofa.go.jp/mofaj/area/korea/data.html）2024年9月現在

韓国の国花

ムクゲは韓国の国の花であり、最も親しまれている花です。ハングルでは「무궁화」と書き、「ムグンファ」と読みます。

「ムグンファ」を漢字で書くと「無窮花」です。「窮」は「おわる」や「とまる」という意味のある漢字で「無窮」は「永久」と同じ意味を持ちます。

花の時期は春の終わりから秋の初めまで長くさきます。高さ2〜3mの木に、子どもの手の平くらいの大きさの白やピンク色の花を次々とさかせます。ねばり強く、ずっとさいているように見える花として知られています。

韓国には「ムクゲの花がさきました」というゲームがあり、これは日本でいう「だるまさんがころんだ」のようなものです。ハングルでは「무궁화 꽃이 피었습니다.（ムグンファ　コッチ　ピオッスムニダ）」といいます。Netflixで配信されている人気ドラマ『イカゲーム』の中でこのゲームが出てくるため、一時、日本でも話題になりましたね。

韓国の国旗

韓国の国旗は太極旗といい、太極旗の真ん中には赤と青の円があります。この円は「大極円」といい、ふたつの色は「陰」と「陽」を表しています。

周りにあるのは、「卦」というもの。それぞれ、「乾」（☰）、「坤」（☷）、「坎」（☵）、「離」（☲）で、東西南北などを表します。

Koreagram

♥ KOREA_LOVE

©韓国観光公社フォトギャラリー

#ムクゲ
#무궁화

日本との時差と航路

韓国は日本から一番近い外国で、日本と時差がありません。
日本からは、飛行機や船で行くことができます。

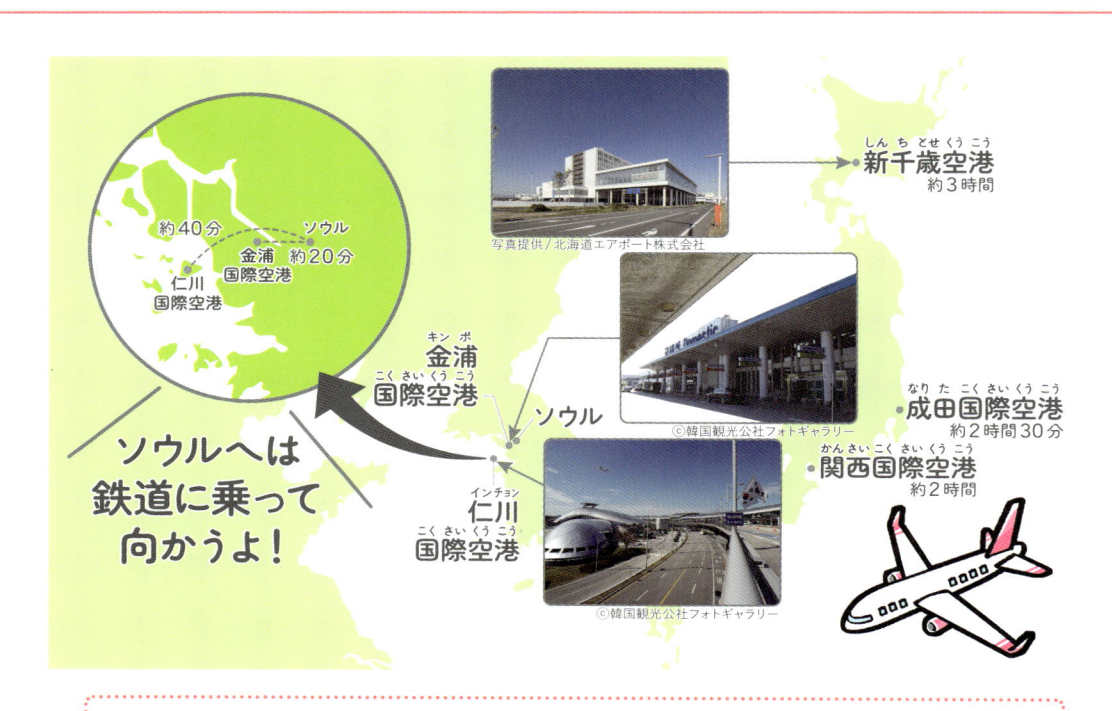

約40分　ソウル
金浦　約20分
国際空港
仁川
国際空港

新千歳空港
約3時間

写真提供／北海道エアポート株式会社

金浦
国際空港

ソウル

成田国際空港
約2時間30分

©韓国観光公社フォトギャラリー

関西国際空港
約2時間

インチョン
仁川
国際空港

ソウルへは
鉄道に乗って
向かうよ！

©韓国観光公社フォトギャラリー

主要空港：新千歳空港、成田国際空港、羽田国際空港、関西国際空港など
地方空港：仙台空港、静岡空港、米子空港、広島空港、高松空港、松山空港、
　　　　　北九州空港、大分空港、熊本空港、那覇空港など

飛行機で韓国へ

日本と韓国は時差がありません。東京が朝の7時ならソウルも朝の7時です。韓国へ行く飛行機は、直行便があります。ソウルに行くには、仁川国際空港か、金浦国際空港を使います。

仁川国際空港は韓国で一番大きな空港でサービスが充実していたり、飛行機の便数が多いので、乗る飛行機を選びやすかったりするのが特徴です。上の地図には新千歳空港、成田国際空港、関西国際空港と仁川国際空港までの所要時間を書いています。

フェリーという手も

航空便だけでなく、船での旅も可能なのが韓国旅行の特徴です。

大阪、下関（山口県）、博多（福岡県）、対馬（長崎県）から釜山へはフェリーと高速船が運航されています。

大阪からの所要時間はフェリーで約19時間。午後3時に出ると釜山に着くのは翌朝10時です。ゆったり波にゆられながらの旅になります。

下関から釜山への所要時間はフェリーで約12時間と少し短くなり、博多から釜山へはフェリーで約11時間30分となります。船旅は飛行機よりは時間がかかるものの、船内でショッピングができるなど、船旅ならではの過ごし方もあります。

計画前に確認を

飛行機や船の時刻表は季節や、感染症の流行など社会の状況によって変更されるので、旅行の計画前に飛行機や船の運航状況を確認しましょう。※

ⓒ韓国観光公社フォトギャラリー

大阪
約19時間

釜山

下関
約12時間

対馬

博多
約11時間30分

写真提供／大阪港湾局

※フェリーや高速船の所要時間は、運航会社や天候によって変わります。

気候や地形

国の三方向を海に囲まれた韓国は、自然が豊かで日本とはことなる景色を持つ魅力的な国です。ここでは、気候や地形をしょうかいしていきます。

リゾート気分　済州島

韓国の海岸沿いには大小さまざまな島があちこちにあり、その数は約3,000です。中には済州島のように人が住んでいる島もあります。

済州島は韓国で一番大きい島（面積約1,800㎢）で香川県とほぼ同じ広さです。島の中心には韓国で一番高い火山、漢拏山（1,950m）があり、韓国ドラマのロケ地としても有名です。美しい景色と、多様な動植物が生息することから、世界遺産にも登録されています。また、透明感のある海水や美しい砂浜のビーチがあることでも有名で、リゾート地として多くの海水浴客でにぎわいます。

山地が多い国

韓国は平野が少なく、山がたくさんあります。国土のほぼ70%は低い山々です。世界の山々と比べると、特別高い山はありませんが、低い山が多いため自然を気軽に楽しむ登山レジャーが人気です。

ソウルの冬はとても寒い

韓国の気候は日本と似ていて、四季があります。朝鮮半島の北部が大陸とつながっているため冬になると、冷たく乾燥した空気が流れこみ、雪がたくさんふります。夏は暑く、湿度は低めで真夏にはねむれないほどの熱帯夜が続く日もあります。ソウルの夏の平均気温は25℃をこえ、日本と同じくらいの暑さになります。

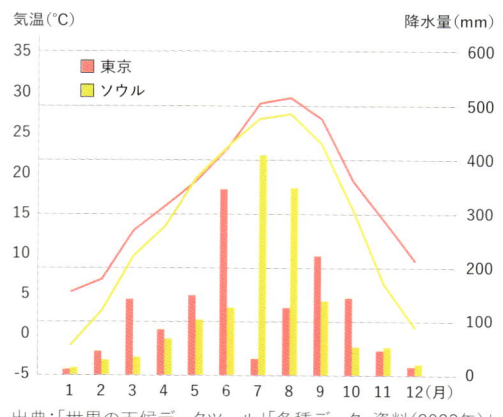

出典：「世界の天候データツール」「各種データ・資料（2023年）」（気象庁ホームページより作成）

動物・植物たちの宝庫

　こうした気候や地形の特徴から、韓国には、たくさんの動植物が生息しています。韓国の動物といえば、トラやクマが有名で、イタチやアナグマなどの小動物、また、山岳地帯にはヒマラヤカモシカなどもすんでいます。

　また、韓国には四季があるため、たくさんの種類の植物を見ることができます。サクラなどの花がさくと、写真撮影をする人でとてもにぎわいます。

♡ KOREA_LOVE

#済州島
#제주도

©韓国観光公社フォトギャラリー

▼3〜5月。乾燥した晴れの日が多く、心地よい陽気が続きます。サクラ、モクレン、ナズナなどがさきます。

▼6〜8月。日本ほど湿気は高くありませんが、30℃をこえる日も多く、とても暑いです。

©韓国観光公社フォトギャラリー

春 **夏**
秋 **冬**

©韓国観光公社フォトギャラリー

▲9〜11月。晴れの日が続き、過ごしやすくなります。モミジが美しく、山々が赤や黄色に色付きます。

▲12〜2月。寒さの厳しい季節。氷点下になる日も多く、雨の代わりに雪がよくふります。

祝祭日と行事

正月というと日本では1月1日ですが、韓国では2月（旧暦の1月1日）の旧正月を盛大に祝います。韓国の祭りには、ユネスコ無形文化遺産になっているものもあります。

韓国の祝日

1月1日・・・・・・・・ 新正月

・旧暦1月1日（2月10日※）・・・・・ 旧正月（ソルラル）
2月10日の前後1日、2月9日～11日は3日間お休みになります。

> 家族や親せきの家に集まって、旧正月を祝います。

©韓国観光公社フォトギャラリー
ソルラルではトックといううすく切ったもちを入れたスープを食べる。

3月1日・・・・・・・ 三一節（サミルチョル）

5月5日・・・・・・・・ こどもの日

・旧暦4月8日（5月15日※）・・・・・ 釈迦生誕日（ソッカタンシニル）

> お釈迦様の誕生日を祝う日で、寺や通りにはちょうちんがかざられ、パレードも行われます。

6月6日・・・・・・・ 顕忠日（ヒョンチュンイル）

8月15日・・・・・・・ 光復節（クァンボクチョル）

・旧暦8月15日（9月17日※）・・・・・ 秋夕（チュソク）
9月17日の前後1日、9月16日～18日は3日間お休みになります。

> 家族や親せきが集まって先祖の墓参りをしたり、秋の収穫に感謝したりします。

10月3日・・・・・・・ 開天節（ケチョンチョル）

10月9日・・・・・・・ ハングルの日

12月25日・・・・・・ クリスマス

> 韓国ではキリスト教徒が多く、祝日になります。

©韓国観光公社フォトギャラリー
チュソクではソンピョンというもちを食べる習慣がある。

※旧暦で祝う祝日は年によって日にちが変わる（表は2024年のもの）。

ことばの説明　旧暦…月の満ち欠けが基準のカレンダーのこと。明治ごろまで日本で使われていた昔の暦。

伝統ある祭り

左の表にもある釈迦生誕日には大きな寺で燃灯会という祭りが行われます。韓国伝統の紙で作られた色とりどりのちょうちんに明かりを灯します。ユネスコ無形文化遺産となっている伝統ある祭りです。

©韓国観光公社フォトギャラリー

また、5月の第1日曜日には宗廟祭礼が行われます。朝鮮王朝時代の王家の霊をまつった建物で行われる祭りで、宗廟大祭とも呼ばれます。

この祭りのときに奏でられる音楽「宗廟祭礼楽」とともにユネスコ無形文化遺産となっています。

©韓国観光公社フォトギャラリー
宗廟祭礼楽での楽器演奏の様子。楽器の演奏や歌、舞を行う。

自然にまつわる祭り

毎年春に全羅南道の珍島では珍島海割れ祭りがあります。海割れは、潮が引いたときに、向こうの島までわたれるくらいの道が現れる自然現象です。長さは約3kmにもなり、約1時間で消えます。

©韓国観光公社フォトギャラリー
珍島海割れ祭りの様子。国内外から多くの観光客が集まる。

Koreagram

♥ KOREA_LOVE

©韓国観光公社フォトギャラリー

#燃灯会
#연등회

ハングル表

ハングルは文字のパーツ（24個）を組み合わせて発音することばです。
日本語にはない、独自のルールがあるので日本語よりも発音が複雑になります。

子音 / 母音	ㄱ k/g	ㄴ n	ㄷ t/d	ㄹ r/l	ㅁ m	ㅂ p/b	ㅅ s
ㅏ a(ア)	가 ka(カ)/ga(ガ)	나 na(ナ)	다 ta(タ)/da(ダ)	라 ra(ラ)/la(ラ)	마 ma(マ)	바 pa(パ)/ba(バ)	사 sa(サ)
ㅑ ya(ヤ)	갸 kya(キャ)/gya(ギャ)	냐 nya(ニャ)	댜 tya(テャ)/dya(デャ)	랴 rya(リャ)/lya(リャ)	먀 mya(ミャ)	뱌 pya(ピャ)/bya(ビャ)	샤 sya(シャ)
ㅓ eo(オ)	거 keo(コ)/geo(ゴ)	너 neo(ノ)	더 teo(ト)/deo(ド)	러 reo(ロ)/leo(ロ)	머 meo(モ)	버 peo(ポ)/beo(ボ)	서 seo(ソ)
ㅕ yeo(ヨ)	겨 kyeo(キョ)/gyeo(ギョ)	녀 nyeo(ニョ)	뎌 tyeo(テョ)/dyeo(デョ)	려 ryeo(リョ)/lyeo(リョ)	며 myeo(ミョ)	벼 pyeo(ピョ)/byeo(ビョ)	셔 syeo(ショ)
ㅗ o(オ)	고 ko(コ)/go(ゴ)	노 no(ノ)	도 to(ト)/do(ド)	로 ro(ロ)/lo(ロ)	모 mo(モ)	보 po(ポ)/bo(ボ)	소 so(ソ)
ㅛ yo(ヨ)	교 kyo(キョ)/gyo(ギョ)	뇨 nyo(ニョ)	됴 tyo(テョ)/dyo(デョ)	료 ryo(リョ)/lyo(リョ)	묘 myo(ミョ)	뵤 pyo(ピョ)/byo(ビョ)	쇼 syo(ショ)
ㅜ u(ウ)	구 ku(ク)/gu(グ)	누 nu(ヌ)	두 tu(トゥ)/du(ドゥ)	루 ru(ル)/lu(ル)	무 mu(ム)	부 pu(プ)/bu(ブ)	수 su(ス)
ㅠ yu(ユ)	규 kyu(キュ)/gyu(ギュ)	뉴 nyu(ニュ)	듀 tyu(テュ)/dyu(デュ)	류 ryu(リュ)/lyu(リュ)	뮤 myu(ミュ)	뷰 pyu(ピュ)/byu(ビュ)	슈 syu(シュ)
ㅡ eu(ウ)	그 keu(ク)/geu(グ)	느 neu(ヌ)	드 teu(トゥ)/deu(ドゥ)	르 reu(ル)/leu(ル)	므 meu(ム)	브 peu(プ)/beu(ブ)	스 seu(ス)
ㅣ i(イ)	기 ki(キ)/gi(ギ)	니 ni(ニ)	디 ti(ティ)/di(ディ)	리 ri(リ)/li(リ)	미 mi(ミ)	비 pi(ピ)/bi(ビ)	시 si(シ)

基本母音

日本語の母音は「あ」「い」「う」「え」「お」の5音ですが、ハングルの基本母音は「ㅏ」「ㅑ」「ㅓ」「ㅕ」「ㅗ」「ㅛ」「ㅜ」「ㅠ」「ㅡ」「ㅣ」の10音あります。日本語の発音と少しちがうことに注意が必要です。

ㅇ	ㅈ	ㅊ	ㅋ	ㅌ	ㅍ	ㅎ
無音/ng	ch/j	chh	kh	th	ph	h
아	자	차	카	타	파	하
a(ア)	cha(チャ)/ja(ジャ)	chha(チャ)	kha(カ)	tha(タ)	pha(パ)	ha(ハ)
야	쟈	챠	캬	탸	퍄	햐
ya(ヤ)	chya(チャ)/jya(ジャ)	chhya(チャ)	khya(キャ)	thya(テャ)	phya(ピャ)	hya(ヒャ)
어	저	처	커	터	퍼	허
eo(オ)	cheo(チョ)/jeo(ジョ)	chheo(チョ)	kheo(コ)	theo(ト)	pheo(ポ)	heo(ホ)
여	져	쳐	켜	텨	펴	혀
yeo(ヨ)	chyeo(チョ)/jyeo(ジョ)	chhyeo(チョ)	khyeo(キョ)	thyeo(テョ)	phyeo(ピョ)	hyeo(ヒョ)
오	조	초	코	토	포	호
o(オ)	cho(チョ)/jo(ジョ)	chho(チョ)	kho(コ)	tho(ト)	pho(ポ)	ho(ホ)
요	죠	쵸	쿄	툐	표	효
yo(ヨ)	chyo(チョ)/jyo(ジョ)	chhyo(チョ)	khyo(キョ)	thyo(テョ)	phyo(ピョ)	hyo(ヒョ)
우	주	추	쿠	투	푸	후
u(ウ)	chu(チュ)/ju(ジュ)	chhu(チュ)	khu(ク)	thu(トゥ)	phu(プ)	hu(フ)
유	쥬	츄	큐	튜	퓨	휴
yu(ユ)	chyu(チュ)/jyu(ジュ)	chhyu(チュ)	khyu(キュ)	thyu(テュ)	phyu(ピュ)	hyu(ヒュ)
으	즈	츠	크	트	프	흐
eu(ウ)	cheu(チュ)/jeu(ジュ)	chheu(チュ)	kheu(ク)	theu(トゥ)	pheu(プ)	heu(フ)
이	지	치	키	티	피	히
i(イ)	chi(チ)/ji(ジ)	chhi(チ)	khi(キ)	thi(ティ)	phi(ピ)	hi(ヒ)

17

ハングルの基本ルール

ハングルには独自のルールがたくさんあるので、覚えることがたくさんありますが、
ルールを知っているとハングルで書かれたことばがわかるようになっておもしろいですよ。

韓国語の語順

韓国語の語順は日本語の語順と似ています。例えば、「私はビビンバを食べます」と言うとき、韓国語でも同じように、「だれが」「何を」「〜する」という順で言います。

ナ ヌン　ビ ビンバブル　モッスム ニ ダ
나는 비빔밥을 먹습니다
（私は）（ビビンバを）（食べます）

母音と子音

ハングルには母音と子音があり、それらを組み合わせて音を表します。アルファベットのn（子音）とa（母音）を組み合わせるとnaと読むように、ㄴ（子音）とㅏ（母音）でㄴ となります。

ハングルの音の組み合わせは基本的に4つのルールがあるので、順番に見ていきましょう。

子音＋母音の組み合わせ

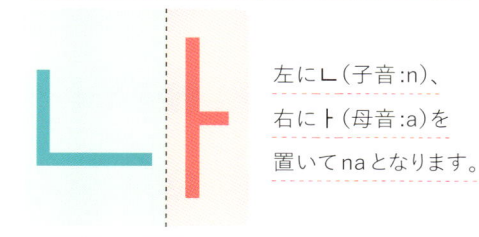

左にㄴ（子音:n）、
右にㅏ（母音:a）を
置いてnaとなります。

上にㄴ（子音:n）、
下にㅗ（母音:o）を
置いてnoとなります。

子音＋母音＋子音の組み合わせ

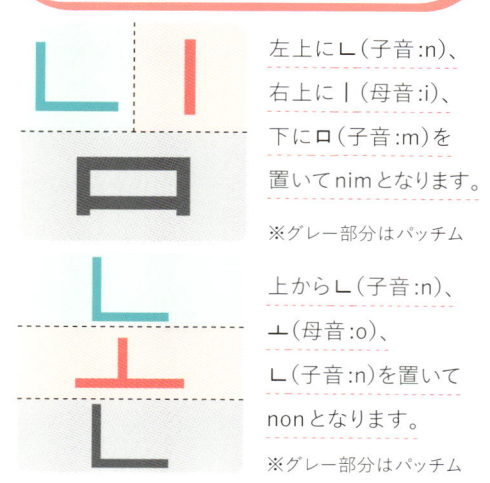

左上にㄴ（子音:n）、
右上にㅣ（母音:i）、
下にㅁ（子音:m）を
置いてnimとなります。

※グレー部分はパッチム

上からㄴ（子音:n）、
ㅗ（母音:o）、
ㄴ（子音:n）を置いて
nonとなります。

※グレー部分はパッチム

合成母音

ハングル表にある基本母音を組み合わせた母音のことを合成母音といいます。見慣れない音ですが、母音と母音の足し算と考えればわかりやすくなります。全部で11音あります。

애	얘	에	예
ae （エ）	yae （イェ）	e （エ）	ye （イェ）

와	왜	외	워	웨	위	의
wa （ワ）	we （ウェ）	we （ウェ）	wo （ウォ）	we （ウェ）	wi （ウィ）	ui （ウィ）

激音と濃音

ハングルには激音と濃音という音があります。これは声の出し方にちがいがあります。激音は息をはきながら音を強く出すことを表しています。また、濃音ははっぱの「っぱ」のように声を出すイメージです。

平音	가 ka/ga （カ／ガ）	다 ta/da （タ／ダ）	바 pa/ba （パ／バ）	사 sa （サ）	자 cha/ja （チャ／ジャ）
激音	카 kha （カ）	타 tha （タ）	파 pha （パ）		차 chha （チャ）
濃音	까 kka （ッカ）	따 tta （ッタ）	빠 ppa （ッパ）	싸 ssa （ッサ）	짜 ccha （ッチャ）

パッチム

子音＋母音の組み合わせの下に子音が付く「子音＋母音＋子音」の組み合わせと「子音＋母音＋子音＋子音」の組み合わせがあり、この下に付く子音をパッチムといいます。パッチムは小さく発音するのが基本です。左ページの닑と논の一番下の子音mとnがパッチムです。

中には、パッチムが2つ並んでいるものがあります。このような場合にはハングル表の子音の並びが早いほうを読む決まりがあります。

子音＋母音＋子音＋子音の組み合わせ

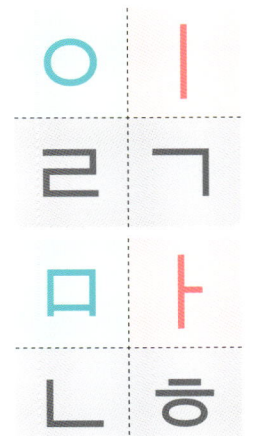

右下のパッチムを読んで、無音＋i＋kでikとなります。

※グレー部分はパッチム

左下のパッチムを読んで、m＋a＋nでmanとなります。

※グレー部分はパッチム

韓国の歴史

朝鮮半島にはさまざまな国ができましたが、その中には日本と交流があった国もあります。また、朝鮮王朝は518年もの長い間、朝鮮半島を治めました。

4世紀後半〜5世紀半ば

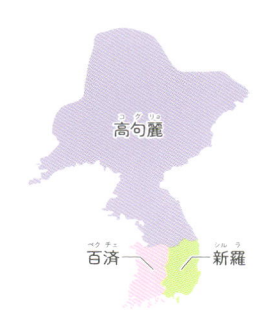

三国時代の朝鮮半島

　この時代の朝鮮半島は、高句麗、百済、新羅の三国が並び立っていました。この時代を朝鮮史では三国時代といい、仏教文化が栄え、多くの寺院が建てられました。

7世紀後半〜10世紀初め

　三国のうち、新羅は百済と高句麗をほろぼして、7世紀後半に朝鮮半島を統一します。

　新羅は仏教を重んじた国でした。現在でも、仏国寺や石窟庵など仏教文化にまつわる名所がたくさんあります。

　また、朝鮮半島が統一されたことで、新羅はシルクロード（古代の交易路）を通じて西方との交易が盛んになりました。首都であった慶州（現在の韓国東南部に位置する）はシルクロードの終着点として栄えたのです。

10世紀〜14世紀後半

　10世紀に入ると、王建という人物が高麗という国を建て、新羅をほろぼしました。首都は開京（現在の北朝鮮・開城）です。

COLUMN

高麗はコリア

高麗は交易が盛んな国でした。英語で朝鮮半島のことを「Korea」といいますが、高麗の名前がアラビアの商人からヨーロッパに伝わったものがもとになっているといわれています。

高麗は仏教を保護したため、美術や建築などで仏教文化が花開きます。

14世紀末〜20世紀初め

高麗のあとに朝鮮半島を統一したのは朝鮮王朝です。初代の王は李成桂で1392年に即位しました。

©韓国観光公社フォトギャラリー
李成桂により建てられた宮殿・景福宮。

朝鮮王朝は日本の領土となる1910年まで500年以上続きました。首都はソウルで仏教ではなく、儒教が重んじられた国でした。

ハングルを作ったのは、15世紀の初めから半ばにかけて国を治めた4代目の王・世宗です。ハングルを人々に広め、朝鮮の領土を拡大した王として最も有名です。

©韓国観光公社フォトギャラリー
ソウルの光化門広場にある世宗の銅像。

長い朝鮮王朝時代の中で、日本と戦うこともありました。豊臣秀吉が二度にわたって朝鮮半島をせめたのです（文禄・慶長の役）。そのため、日本との交流が途絶えていましたが、日本が江戸時代に入ってから朝鮮通信使による交流が再開されます。

朝鮮通信使は釜山の永嘉台から出発しました。一行には医者や絵師などもいて、技術や文化の交流が行われました。

戦争の時代〜大韓民国へ

アジアが植民地にされた時代、朝鮮半島も日本の侵略などさまざまな苦難に見舞われました。1945年に第2次世界大戦が終結すると、1948年には南に大韓民国が、北に朝鮮民主主義人民共和国ができます。

その後、経済発展をとげた韓国では、1988年にソウルオリンピックが開催、2002年には日韓ワールドカップサッカー大会が開催されるなどしました。

世界遺産を訪ねよう

韓国には、文化遺産14、自然遺産2の計16の世界遺産が登録されています（2024年11月現在）。
世界遺産を訪ねて、さまざまな韓国の歴史にふれてみよう。

ソウル市内　昌徳宮（チャンドックン）

昌徳宮（チャンドックン）は、1405年に朝鮮王朝（ちょうせんおうちょう）が景福宮（ボックン）の離宮（りきゅう）として建てた王宮です。**歴代の王が政治を行った重要な場所**として知られ、きれいな庭園と調和のとれた宮殿美（きゅうでんび）が魅力（みりょく）です。

行事（ぎょうじ）や儀式（ぎしき）を行った、昌徳宮（チャンドックン）の仁政殿（インジョンジョン）。©韓国観光公社フォトギャラリー

ソウル市内　宗廟（チョンミョ）

朝鮮王朝時代（ちょうせんおうちょうじだい）の**王族の位牌（いはい）がまつられています**。韓国ドラマ『宮廷女官（きゅうていにょかん）チャングムの誓（ちか）い』のロケ地にもなりました。毎年5月に行われる「宗廟祭礼（チョンミョジェレ）」では、王族の子孫が集まり、伝統衣装（でんとういしょう）を着用した舞（まい）や演奏（えんそう）がひろうされます。

増築（ぞうちく）を重ね、横長になったという。©韓国観光公社フォトギャラリー

ソウル市内　朝鮮王陵（チョソンワンヌン）

約500年（1408年〜1966年）の長きにわたって造（つく）られた、**朝鮮王朝（ちょうせんおうちょう）の王と王妃27人のお墓（はか）です**。ソウル市内とその近郊（きんこう）に朝鮮王陵（チョソンワンヌン）が44基あり、その中の40基が世界文化遺産（せかいぶんかいさん）に登録されています。

整備（せいび）された小さな丘（おか）が特徴的（とくちょうてき）。©韓国観光公社フォトギャラリー

ソウル
近郊

南漢山城（ナムハンサンソン）

　外敵から身を守る目的で、朝鮮時代の王が籠城するために造られました。標高500mの険しい山など、自然の地形を活かした城壁や城門は圧巻です。当時、将軍が指揮を取るために立てた「将台」は5つあり、西の守御将台（ジャンデ　ゆいいつげんそん）は唯一現存する将台です。

現存する守御将台（げんそん　スオジャンデ）。　Ⓒ韓国観光公社フォトギャラリー

高敞の支石墓群（コチャン　しせきぼぐん）。　Ⓒ韓国観光公社フォトギャラリー

高敞、和順、江華の支石墓群（コチャン、ファスン、カンファ）

　韓国では、巨石墓のことを「コインドル」と呼んでいます。中でも、高敞、和順、江華の3か所の支石墓群（チャン　ファスン　カンファ　しせきぼぐん）の保存状態がよいため登録されました。**韓国の先史時代**の偉業を物語る歴史的な遺産です。ソウルからだと江華がアクセスしやすいです。

ソウル
近郊

水原華城（スウォンファソン）

　ソウル市の近くにある、朝鮮王朝時代の城郭です。第22代朝鮮王の正祖（チョンジョ）が父、思悼世子（サドセジャ）をいたむために、2年8か月かけて造りました。古来の方法に加えて、**石とレンガを組み合わせる**という近代的な建築技法を取り入れた優美な城塞です。

城壁は全長5kmをこえる。　Ⓒ韓国観光公社フォトギャラリー

韓国の名前事情 <small>(じ じょう)</small>

日本にはたくさんの名字がありますが、韓国の人は「似た名前の人がたくさんいるな」と感じたことはありませんか。実は、そこには韓国特有の特殊な事情があります。

国民の5割はほとんど同じ名字？

　韓国には約280の伝統的な名字がありますが、国民の約半数が「金・李・朴・崔・鄭」の5つの名字を使っています。2015年に発表された韓国統計庁のデータによると、特に金さんは、全体の約20%近くを占めています。なぜ金さんが多いのでしょうか。

　理由は2つあるといわれています。1つ目は、日本の名字10万文字以上と比べて選べる文字数に限りがあることがあげられます。

　2つ目は、中国文化の強い影響です。多くの韓国人の名字は1文字ですが、この1文字は中国風の付け方に影響されています。加えて、名字をあとから変える人もいなかったためではないか、といわれています。

名前の付け方

　韓国では日本のように生まれる前に名前は決定しないのが一般的です。それでは、どのように名前を考えるのでしょうか。

　生まれた日時を運命時間として、名前を付ける専門の占い師さんにお願いしたり、家の歴史にくわしい祖父母にいらいしたりしていました。そこで候補の名前を出し合い、家族や友達に投票してもらって選ぶという方法です。

　しかし、近年は親がひびきのよい名前を独自に考えたり、漢字がないシンプルな名前を付けたりする機会が増えてきています。

● 韓国人の名字　TOP10

1	金(キム)	6	姜(カン)
2	李(イ)	7	趙(チョ)
3	朴(パク)	8	尹(ユン)
4	崔(チェ)	9	張(チャン)
5	鄭(チョン)	10	林(イム)

出典：韓国統計庁（2015年データより作成）
통계청,「인구총조사」, 2015, 2024.11.01, 성씨・본관별 인구(5인 이상) – 전국

男の子と女の子の名前

「大韓民国法院 電子家族関係登録システム統計サービス」という韓国の公式ウェブサイト※の赤ちゃんの名前ランキングでは、男の子が「イジュン」、女の子は「イソ」が1位になりました。

性別で細かくランキングを見ていきましょう。男の子の場合「イジュン」、「ハジュン」など、「ジュン」が付く名前が多く見られます。日本人にはなかなかわかりにくいですが、「ジュン」のひびきは洗練されたイメージがあるようです。

※2024年1月1日〜11月25日時点

<「ジュン」が付く人気の有名人>

・2014年のドラマ『魔女の恋愛』でブレイクしたパク・ソジュンさん
・大ヒットドラマ『イカゲーム』で刑事役を演じた俳優のウィ・ハジュンさん
・アイドルグループ2PMのJun.K（キム・ミンジュン）さん

女の子の場合「ソア」などの「ア」が付く名前や「ハユン」などの「ユン」が付く名前が人気です。「ア」や「ユン」の名前を使うと、ソフトであたたかみのある印象になるようです。シンプルで発音しやすいのも好まれる理由のひとつといわれています。また、ランキング1位の「イソ」はほかとはちがう雰囲気の名前です。これは2020年に公開された大ヒットドラマ『梨泰院クラス』に登場する人物の影響であるといわれています。

<「ア」や「ユン」が付く人気の有名人>

・韓国女優のウォン・ジアンさん
・元アイドルグループBrave Girlsのハユンさん
・アイドルグループLE SSERAFIMのユンジンさん

● 男の子の名前		● 女の子の名前	
1	イジュン	1	イソ
2	ハジュン	2	ソア
3	ドユン	3	ハリン
4	ウンウ	4	ジュ
5	シウ	5	ハユン

出典：大韓民国法院 電子家族関係登録システム 統計サービスより作成

家庭、日常の様子

核家族化が進む韓国ですが、伝統的な儒教の教えに従って、親せきをふくめた家族を大切にする考えがあります。また、朝ごはんやお風呂など、韓国ならではのものがあります。

家族の呼び方

目上の人を敬う韓国では、おじいさんやおばあさんなど、年上の人に「こんにちは」と言うときは、「안녕하십니까?」と改まった言い方をします。正月におじいさん、おばあさんにあいさつするときも、きちんとおじぎをします。

敬語の使い方も日本とはちがっています。日本では、家族以外の人にお父さんやお母さんをしょうかいするときは、「父」「母」と敬語を用いずに言います。しかし、韓国では、「お父様」「お母様」というように、敬語を使います。

儒教の考え方と日常生活

年上の人を敬うという考えは、日常生活の行動にも表れます。例えば、バスや電車など、公共の乗り物で年上の人が立っているときには、年下の人は席をゆずるなど、年上の人に気をつかって行動します。

相手の年齢を知ることが重要なので、年齢を聞かれることもあります。韓国にも干支がありますが、「あなたの干支は何ですか」とたずねられることもあります。

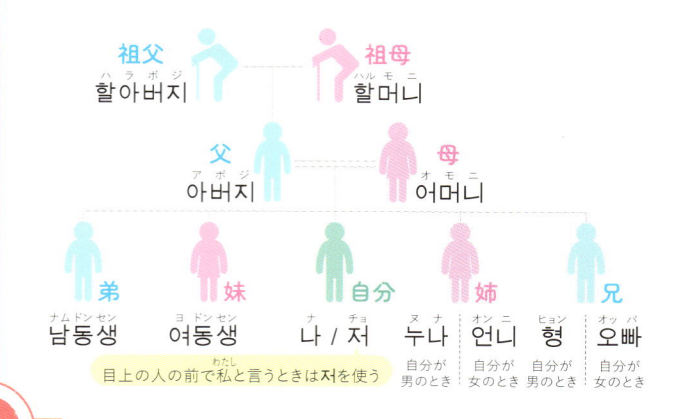

祖父 할아버지（ハラボジ）　祖母 할머니（ハルモニ）

父 아버지（アボジ）　母 어머니（オモニ）

弟 남동생（ナムドンセン）　妹 여동생（ヨドンセン）　自分 나/저（ナ/チョ）　姉 누나（ヌナ）自分が男のとき　언니（オンニ）自分が女のとき　형（ヒョン）自分が男のとき　兄 오빠（オッパ）自分が女のとき

目上の人の前で私と言うときは저を使う

COLUMN
儒教って何？

儒教は中国で生まれました。孔子という人の考えをもとにした教えで、他者を思いやる「仁」や、社会が秩序正しくあるために必要な作法などの「礼」を大切にするものです。

作り置きを活かした朝ごはん

現在は時代の変化もあり、韓国でも朝ごはんにパンを食べる人も増えています。しかし、よく知られる一般的な朝ごはんは、スープとごはん、小皿に数種類のおかずが盛られているものです。

スープは鍋いっぱいに作られていて、そこからそれぞれのスプーンで食べます。

小皿に盛られたキムチや、食卓に盛られたナムルなどは、実は作り置きのものが多いです。たっぷり朝から栄養をとって、一日元気に過ごせそうですね！

©韓国観光公社フォトギャラリー

ナムルは自由にトッピングしてもいいし、ナムルだけ食べてもOK。

韓国の食卓にキムチが欠かせないというのは有名なこと。朝ごはんにもしっかりキムチが出て食欲がそそられる。

©韓国観光公社フォトギャラリー

バスタイムはシャワー

韓国ではバスルームに浴槽がない家がたくさんあります。その代わり、さまざまな銭湯があり、お湯につかったり、アカスリをしたりします。沐浴湯は日本でいう街の銭湯のようなもの。住宅街に多く、週末などに人々が汗を流しに行きます。

また、伝統的なサウナ汗蒸幕という麻布をかぶって入るサウナもあります。チムジルバンはサウナがついた銭湯で、スパのようになっている店は、美容に興味を持つ海外からの観光客にも人気があります。

Koreagram

♥ KOREA_LOVE

©韓国観光公社フォトギャラリー

#モギョクタン
#목욕탕

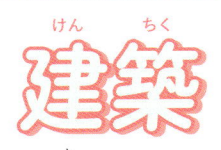

建築

日本と同様に都市部では高層マンションが増えている韓国。一方で、地方では戸建てが多いのも日本と似ています。それ以外に、韓国の伝統的な建築様式の韓屋に住んでいる人もいます。

一般的な住まいは？

日本でいうマンションは、韓国ではアパートといいます。家の中には、日本同様、靴をぬいで上がります。

一般的な日本のマンションの玄関は廊下につながり、廊下の左右に部屋があることが多いのですが、一般的な韓国のアパートでは廊下がなく、玄関とリビングがつながっています。

もうひとつちがうのが、ベランダやバルコニーです。日本の多くの住居では、部屋と外をしきる窓の外側にあります。そのため、雨の日には床がぬれてしまいます。一方、韓国の住居の多くは、日本でいうサンルームのように、ガラス窓が付いています。韓国では、ベランダやバルコニーに洗濯物を干しても屋内に干しているのと同じで、雨風にさらされることはありません。

伝統的な家屋 韓屋

韓屋は木や石といった自然素材を使った家屋で、くぎを使わず木材を組み合わせて作られ、オンドルがあります。オンドルとは、台所のかまどから出た暖かい空気を床下のトンネルに通して部屋を暖める仕組みで、床下にはうすくて平らな石がしいてあり、石に暖かい空気がふれることで、部屋が暖まります。伝統的な家では、昔はかまどの火を使っていましたが、現在では温水パイプや電気を使うなどしています。韓国の冬はとても寒いですが、オンドルによる床暖房が人々をいやしてくれるのです。

©韓国観光公社フォトギャラリー

韓国の伝統的な家屋、韓屋。レストランやカフェになっているところもある。

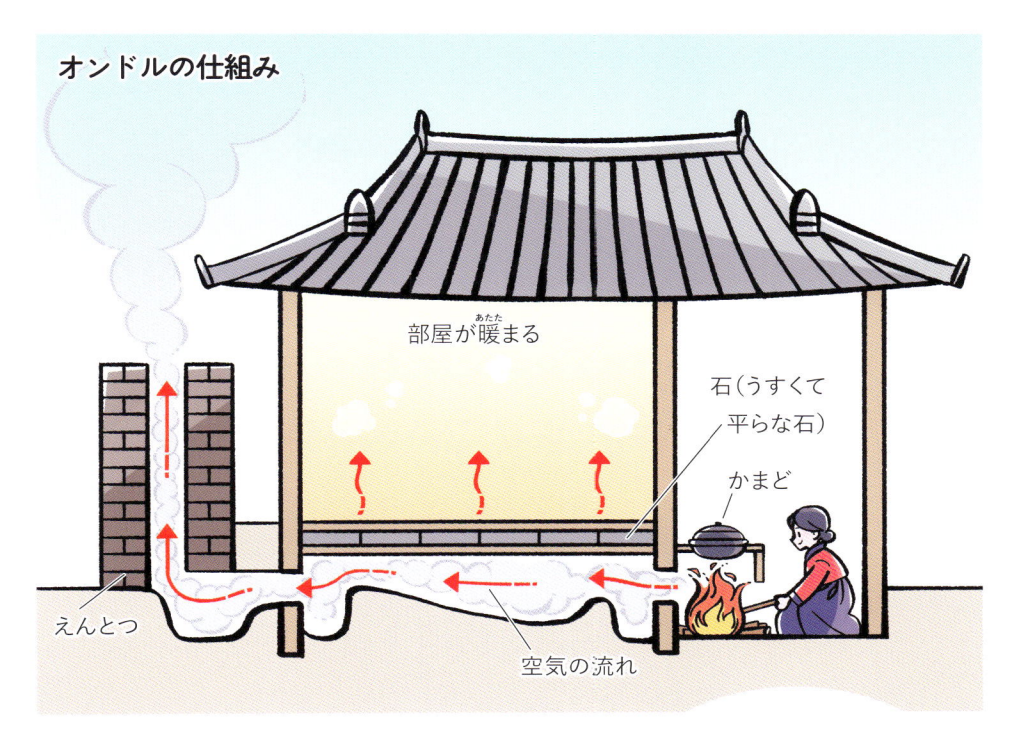

オンドルの仕組み

部屋が暖まる

石（うすくて平らな石）

かまど

えんとつ

空気の流れ

ソウルで見られる韓屋

韓屋はソウルでも見られるところがあります。北村韓屋村は、韓屋がたくさんあるところです。例えば、ここの韓屋は朝鮮王朝時代の王族や両班（官僚）といった、身分の高く裕福な人たちが住んでいたところです。伝統的な家では、外に塀と、大門という頑丈な門があります。かつて、大門は家の主人の身分や財力によって形式がありました。当時の上流邸宅を見ることができます。

COLUMN

半地下の部屋

カンヌ国際映画祭のパルムドールや、アカデミー賞の作品賞も受賞した韓国の映画『パラサイト　半地下の家族』には、半地下の部屋が出てきます。これは韓国に実際にあるもので、家賃が安いことで知られています。現代では、若者が節約のために住むこともあるといいます。通りからのぞきこまれやすかったり、日が差しこみにくかったり、トイレが部屋の床よりも高い位置にあるなどの特徴があります。もとは、1970年代に北朝鮮との戦争に備えた避難部屋として設置を義務付けられていたものでした。

お金

韓国で使われているお金の単位は、ウォンです。クレジットカードやスマホ決済（けっさい）もよく使われています。ただ、現金（げんきん）しか使えないところもあります。※通貨記号は₩、通貨コードはKRW

1,000ウォン

表 / うら

5,000ウォン

表 / うら

10,000ウォン

表 / うら

50,000ウォン

表 / うら

10ウォン

表 / うら

50ウォン

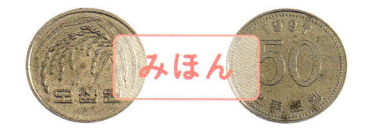

表 / うら

100ウォン

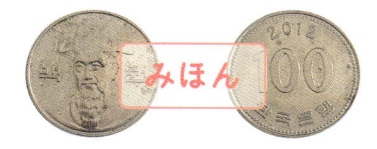

表 / うら

500ウォン

表 / うら

2024年9月現在（げんざい）、100ウォンが約11円です。

通貨はウォン

紙幣は1,000ウォン、5,000ウォン、10,000ウォン、50,000ウォンの4種類があります。

1,000ウォンにえがかれているのは、16世紀に朝鮮王朝で儒教の学者として有名だった李退渓です。5,000ウォンにえがかれているのは、儒教の学者の李栗谷で、1,000ウォンにえがかれた李退渓とともに、二大儒学者といわれる人物です。10,000ウォンにえがかれているのは、ハングルを作った人物として知られている朝鮮王朝の世宗です。50,000ウォンにえがかれているのは、申師任堂で、朝鮮王朝時代の画家で5,000ウォンにえがかれている儒学者の李栗谷のお母さんです。

硬貨は10ウォン、50ウォン、100ウォン、500ウォンの4種類で、1ウォンと5ウォンはほぼ流通していません。4種類とも、穴のない硬貨です。10ウォンに刻まれているのは、仏国寺（仏教を代表する寺）の多宝塔です。50ウォンには、イネが刻まれています。米は韓国の主食です。100ウォンには人物が刻まれています。この人物は李舜臣というと朝鮮王朝時代の人で、豊臣秀吉が朝鮮半島をせめた戦いで活躍した水軍の将軍です。500ウォンにはツルが刻まれています。

キャッシュレス決済

実際に買い物をするときには、クレジットカードで支払ったり、スマホ決済を使ったりする人が多く、現金を使う人はあまりいません。

韓国ではキャッシュレス決済が日本よりも進んでいます。中には、現金が使えず、キャッシュレス決済のみ対応しているカフェなどもあります。一方で、屋台など、現金しか使えないところもあります。

COLUMN
物価

そのときどきによって、日本の円と韓国のウォンの価値は変わります。円が安くなると、以前100円くらいで買えたものが、110円くらい出さないと買えないということもあります。2024年9月現在では、カフェで人気のスイーツ、ピンスは約1,000円、韓国の料理としてよく知られているビビンバは約1,100円です。

職業

韓国の小学生が、将来つきたいと思っている職業をしょうかいします。
実際にどのような職業につく人が増えているかも見てみましょう。

● 韓国の小学生がつきたい職業ランキング　TOP10

1	運動選手	6	歌手／声楽家
2	医師	7	警察官／捜査官
3	教師	8	法律専門家
4	クリエイター	9	製菓／製パン職人
5	シェフ／調理師	10	マンガ家（webtoon作家）

교육부 2023년 초중등 진로교육 현황조사（教育部　2023年　初中等進路教育現況調査）より作成

職業ベスト10

　何年にもわたって1位を取り続けているのが運動選手です。韓国ではプロ野球も人気があります。スポーツについては、国内の選手だけでなく、米国の大リーガーなども注目されています。

　2位は医師。ここ数年上位4位以内に入っている人気の職業です。日本でも上位10位に入っています。

　3位は教師。2019年以降を見ても、毎年上位3位以内に入る職業です。学校で先生の姿を見て、あこがれるのか

もしれません。

　4位はクリエイター。こちらも2019年以降を見ると毎年4位以内に入っています。日本でも小学生の将来の夢として、ゲームクリエイターやプログラマーが上位に入っています。

　5位はシェフ／調理師。こちらも上位10位以内には入ることが多い職業です。

　6位は歌手／声楽家。2021年9位、2022年8位と、じわじわと人気を高めてきている職業です。

　もともと、K-POPスターの影響で2010年ごろには「芸能人」が小学生

に人気1位の職業でした。

7位は警察官/捜査官。

8位は法律専門家。こちらも人気の職業で、2019年、2021年、2022年とベスト10にランキングしています。

9位は製菓/製パン職人。日本でもパティシエ、パティシエールが人気なので、おいしいものを作りたいという気持ちを持つ人が日本も韓国も多いのでしょう。

10位はマンガ家（webtoon作家）です。webtoonとは、韓国で生まれたフルカラーのマンガを、スマートフォンなどで縦にスクロールしながら読むもので、日本でも人気が高まっています。2022年には法律専門家とともに9位にランクインするなど、最近人気の職業です。

増えている職業

韓国で最近増えているのは、保健および社会福祉サービス業です。福祉サービス業というと、日本の介護福祉士や社会福祉士、訪問介護士などが思い浮かびます。日本と同様に韓国でも高齢化が進んでおり、今後社会により必要となる職業です。

次に増えているのが飲食・宿泊業です。2023年に韓国を訪れた外国人観光客は約1,100万人いるといわれます。そのうち、約230万人（約21%）が日本人と多数を占めています。一方、2023年に日本を訪れた外国人観光客は約2,500万人でしたが、そのうち韓国人観光客は約700万人（約28%）でした。

そのほかの職業では、運輸・倉庫業につく人の数が増えています。

COLUMN

中学生、高校生に人気の職業は？

小学生では運動選手が人気の職業でしたが、中学生、高校生に人気の職業1位は教師でした。コンピューター、ソフトウエアに関する職業も人気が高くなってきます。

©韓国観光公社フォトギャラリー
仁川の街並み。宿泊施設が多く建ち並んでいる。

主要都市

韓国の三大都市といえば、ソウル、釜山、大邱です。
それ以外に、国際空港で知られる仁川も人口の多い都市です。ここでは、韓国の主要都市をしょうかいします。

©韓国観光公社フォトギャラリー

ソウルの街並み。近代的な高層ビルが多く建ち並んでいることがわかる。

©韓国観光公社フォトギャラリー

韓国の買い物、グルメの定番スポットである明洞。いつも観光客でにぎわっている。

ソウル

韓国の人口のおよそ5分の1である約970万人が住んでいる首都ソウル。正式にはソウル特別市。韓国に特別市はソウルひとつだけです。

ソウルは朝鮮王朝時代に首都となってから現在まで、政治や経済の中心地です。市内には漢江という川が流れていて、北側には、世界遺産となっている景福宮など朝鮮王朝時代を感じられる建物や、日本でも有名な繁華街明洞、ソウルで最も大きな総合市場の東大門などがあります。最近では、古美術品や韓服などの店があり、韓国の伝統文化にふれられる仁寺洞も人気の観光地となっています。漢江の南側には、おしゃれな店が並んでいたり、高級ホテルが建ち並んでいたりしている、現在のソウルならではの街があります。

©韓国観光公社フォトギャラリー

東大門。ニュースなどで映されることもあり、ソウルの象徴として有名。門の南側には東大門市場が並んでいる。

釜山
_{プ サン}

大阪や九州からフェリーや高速船で行くことができるのが釜山。人口は約330万人。釜山タワーのある光復洞は、屋台や市場が有名です。チャガルチ市場は釜山で一番の観光地。かつて「釜山国際映画祭(Busan International Film Festival)」の中心地であったことから、「BIFF広場」があります。

©韓国観光公社フォトギャラリー

釜山のチャガルチ市場は韓国一の規模といわれる市場。海が近いため釜山は海産物が有名。

仁川
_{インチョン}

仁川の人口は約300万人。仁川国際空港があるのは、永宗島という島。海水浴場もあり海産物も豊富です。空港からソウルまでは空港鉄道で約40分と、そう遠くはありません。ソウルの人も気軽に来られる観光地です。異国情緒ただよう中華街や、世界遺産の江華の支石墓群があります。

©韓国観光公社フォトギャラリー

仁川大橋。総延長21.38kmと韓国最長の橋。ソウルなどから仁川国際空港までをつなぐ。

大邱
_{テ グ}

高速鉄道でソウルから約1時間45分、釜山から約50分という交通の便のよいところにある大邱。人口は約250万人。せんい製品で有名な西門市場などのショッピングに便利な場所があるほか、新羅時代に建てられた寺が前身の桐華寺、文禄・慶長の役で活躍した金忠善がまつられた鹿洞書院など、見どころがたくさんあります。

©韓国観光公社フォトギャラリー

西門市場という大邱最大の市場。さまざまな屋台があり見どころがいっぱい。

市場

大都市ソウルやそれぞれの都市など、韓国には今でもさまざまな市場があり、人々の生活を支えています。市場の様子や楽しみ方をしょうかいします。

ソウルの市場

韓国の市場には長い歴史をほこるところもあります。例えば、ソウルの南大門市場は600年以上の歴史がある市場です。

早朝から開いている店、昼間に出る路面店、夜から翌日にかけて営業している店などさまざま。どの時間帯でも開いている店があるので、出歩きやすい時間帯に合わせて訪れることができます。

総店舗数は9,000店をこえる大きな市場で、服やアクセサリー、コスメなど、なんでもそろうといわれています。

B級グルメもおいしい

屋台などもたくさん出ている市場は、B級グルメでも有名です。

例えば、ソウルの東大門の広蔵市場ではクァベギというツイストドーナツが人気です。

ほかにも、ソウルの通仁市場は総菜の種類が多いことでも知られています。自分でおかずを選んでお弁当を作れる、お弁当カフェもあります。

地元の食材が楽しめる屋台は、韓国で暮らす人々の中で、チヂミやキンパなどの韓国料理を手軽に食べられるところでもあります。

©韓国観光公社フォトギャラリー

南大門市場。ソウル駅からもアクセスしやすく、たくさんの店が路地まで並んでいる。

©韓国観光公社フォトギャラリー

広蔵市場にはたくさんのフード販売店もある。食べ歩きも楽しい。

ソウル以外の市場

　釜山にある富平市場は、通称、カントン市場といわれ、衣類やアクセサリー、電化製品などの日常生活に必要なものをあつかっています。また、韓国で深夜に店を開ける夜市が最初に開かれた市場で、いろいろな食べ物の屋台が印象的なところです。

　大邱西門市場は、朝鮮王朝時代からの歴史がある市場で総菜やおかし、雑貨、アクセサリーなども豊富な市場です。市場は、韓国の人の生活用品を買う場であるだけでなく、観光客にとってもお土産を買ったり、食事をしたりできるため、人気の場所となっています。

©韓国観光公社フォトギャラリー

富平市場はカントン市場とも呼ばれる。カントンとは缶詰のこと。缶詰をよく仕入れていたことから、その呼び名が付いた。

©韓国観光公社フォトギャラリー

大邱西門市場ではフードだけでなく、生活雑貨もあつかっている。

©韓国観光公社フォトギャラリー

大邱西門市場の夜市の様子。屋台やフードトラックで料理を楽しむことができる。

マナー

韓国には日本とはちがうさまざまなマナーがあります。
目上の人を敬うことは、交通機関でも街でも基本的なマナーです。

伝統衣装の韓服を着てあいさつをしているところ。
韓国は目上の人を敬う文化で、1歳でも年が上だったら先輩として敬語を使わなければなりません。特に、儒教の教えを重んじる韓国では年長者やお年寄りを大切にする文化が根強いため、このマナーが大切にされています。

座り方と握手

正月などで、伝統衣装を着て目上の人にあいさつするときは、片方のひざを立てるのが正式な座り方です。

この座り方は、イスのないところで座るときも同じです。男性の場合はあぐらをかきます。女性があぐらをかくこともあります。

また、握手をするときは、握手しないほうの手を胸に当てたり、ひじに当てたりします。両手で握手しないのがマナーです。

公共交通機関のルール

韓国では年上の人を敬うことが一般的です。バスなどでも、若い人は優先席には座りません。飲食禁止も公共交通機関のルールです。バスなどに飲み物や食べ物を持って乗ろうとすると注意されることがあります。

運賃は交通系カードを使って支払う人が多いため、バスの車内に両替機はありません。硬貨などで運賃を支払うときには、おつりのないようにしておく必要があります。乗車、降車のとき

には、もたつかないように、早めに準備しておきましょう。

　韓国では、学生のような若い人たちがタクシーを使うこともあります。国によっては、タクシーに乗ったときにチップ（料金とは別のお金）をわたすところもありますが、韓国にはチップ文化はありません。

COLUMN
車は右側通行

日本では車は左側通行ですが、韓国では右側通行です。韓国では、左側から車が来ることが多いので、横断歩道などの道をわたるときには気をつける必要があります。

引っ越し祝い

　韓国では引っ越し祝いとして、トイレットペーパーをおくる習慣があります。「長く続く」「スムーズに進む」といった意味があります。ただし、現在では引っ越し祝いはトイレットペーパーとは限らなくなったそうです。

割り勘にしない

　年上の人と食事をすると、その人が食事代を支払ってくれることがありますが、同世代の人と集まったときも、割り勘にはしません。だれかひとりが支払います。そして、次に集まったときには別の人が支払う、というように順番に会計を担当します。

プレゼントのマナー

　プレゼントをもらったら、くれた人がその場からいなくなるまで開けないようにしましょう。お返しは、同じくらいの価値のものがよいとされます。

　ナイフやハサミはおくらないようにしましょう。どちらも関係を切りたいという印象をあたえるからです。そのほか、4つそろいのもの、靴、ハンカチやタオル、人形なども、死や去るのような悲しいときに使うもののイメージがあり、あまり喜ばれないようです。

　そえる手紙やカードは、赤い文字で書くのをさけましょう。韓国では人が亡くなると名前を赤い文字で書くので、印象が悪いのです。

　一方、日本からのお土産として、和風の雑貨や日本のおかしなどは、喜ばれることが多いといいます。

韓国の風習・文化

国によって人との付き合い方や考え方がちがいます。
韓国では、自分の考えをはっきり言ったり、友達と手をつないで歩いたりする人もたくさんいます。

誤解をさける

韓国では思ったことをはっきり言う人が多いです。ストレートな表現をすることで、相手に誤解なく考えを伝えることができるというメリットがあります。

日本ではクッションことばを用いて遠回しに言いたいことを伝えたり、あいまいな表現にしてぼかして伝えたりする人も多いので、ストレートにものを言う韓国の人を見るとおどろくかもしれません。韓国の人と会話をするときはあいまいに答えるのではなく、自分の思いをはっきりと伝えるほうが上手にコミュニケーションを取ることができるでしょう。

また、きらいな人と無理に付き合うこともしません。ただ、年上の人や目上の人を敬う文化なので、先輩や先生などに対して「合わないな」と思うときは、ちょっぴりストレスがたまりがちです。

恋人たちのペアルック

人前でも仲のいい姿を見せるカップルが多いのが韓国です。恋人たちはペアルックにしたり、人前でも手をつないだり、うでを組んだりします。ハグしている姿を見ることもあります。

家族同士でも記念日を祝うのを好む人が多いのですが、恋人同士でもさまざまな記念日があります。

例えば、付き合い始めから数えて100日記念日、200日記念日……と祝う習慣があります。

毎月14日の記念日

毎月14日は恋人（こいびと）の日で、それぞれの月によって祝い方がちがいます。

1月14日　ダイアリーデー
…今年の手帳をおくり合う。

2月14日　バレンタインデー

3月14日　ホワイトデー

4月14日　ブラックデー

5月14日　ローズデー
…バラをおくり合う。

6月14日　キスデー
…キスをする。

7月14日　シルバーデー
…シルバーアクセサリーをおくり合う。

8月14日　グリーンデー
…森林でデートする。

9月14日　ミュージックデー
…クラブなどで恋人（こいびと）をしょうかいする。

10月14日　ワインデー
…恋人（こいびと）とワインを飲む。

11月14日　ムービーデー
…恋人（こいびと）と映画（えいが）を見る。

12月14日　マネーデー
…恋人（こいびと）のためにたくさんお金を使う。

韓国の正式な記念日ではありませんが、人々に定着しています。

スキンシップ

韓国では恋人同士（こいびとどうし）だけでなく、親しい間柄（あいだがら）であれば、女性（じょせい）の友達同士で手をつないだり、くっついて歩いたりします。男性（だんせい）の友達同士でも、肩（かた）を組んだりします。

スキンシップが多いので、日本よりも人と人との距離（きょり）が近く感じられます。韓国ではボディタッチはコミュニケーションのひとつであり、親しさの表れでもあります。日本は人と一定の距離感（かん）を保（たも）ってコミュニケーションを取るので、文化のちがいを覚えておくとよいでしょう。

COLUMN

ブラックデー

2月14日はバレンタインデー、3月14日はホワイトデーですよね。実は、韓国ではブラックデーという日があります。その日付はホワイトデーの1か月後の4月14日。この日は恋人同士（こいびとどうし）で祝うのではなく、恋人（こいびと）がいない人が黒い服を着て、チャジャンミョンという黒い麺（めん）を食べる日になっているのです。チャジャンミョンは黒いみそで麺（めん）をいため、ぶた肉やイカ、エビなどさまざまな具材と混（ま）ぜ合わせます。

41

旅行の注意点

> 韓国と日本では季節にちがいがあり、旅行するときの服装にも注意が必要です。

♡ 冬はとても寒い

韓国は日本の気候とよく似ていますが、**冬は韓国のほうがとても寒くなります**。冬の韓国旅行は寒さ対策をしっかりと行いましょう。特に、12月、1月、2月はとても寒く、日によっては最低気温が **-10℃以下になる**ことがあります。そのため、都市部を旅行するときも暖かい服装にしましょう。**ダウン**や**手袋**、**暖かいぼうし**などの服装がよいでしょう。また、風が強い地方もあるので、ウインドブレーカーがあるとよいでしょう。山間部は雪が積もるので、耳当てなども必要です。足元が冷えないように靴下や靴なども暖かいものを選びます。

3月はまだ寒い日がありますが、雪のふらない地方に行くなら、薄手のダウンなどを着ます。

4月中旬を過ぎると暖かくなってきますが風が強いこともあるので、**ウインドブレーカー**があるとよいでしょう。

6月には梅雨に入り、8月まで梅雨が続くことがあるので**雨具は必須**です。梅雨明け後は気温が高く日差しも強くなるため、日焼け止めを持っていくとよいでしょう。

9月、10月は比較的過ごしやすい気温と湿度で**旅行に適している季節**といわれています。また、9月から11月にかけて季節が秋から冬に変わっていくので、**気温に合わせて服装を調節できるようにしましょう。**

CHAPTER 2

韓国の政治・産業・学校

한국의 정치・산업・학교

政治制度

韓国の政治や選挙の仕組みは日本とは少しちがい、よりトップの力が強い形になっています。では、韓国の国民はどうやってトップを選んでいるのでしょうか。

「大統領制」の国

　韓国の政治は日本と同じで、法律を作ったり変えたりする「立法」・実際の政治を行う「行政」・争い事を裁く「司法」に国の権力を分けてたがいを見張る「三権分立」という政治制度をとっています。日本も韓国も「行政」の長が、日本でいうと内閣総理大臣であり、韓国でいうと大統領になるわけです。

　大きくちがうのは、日本では国のトップは明確に決められていませんが、韓国は国のトップも大統領である「大統領制」だということです。

権力が集まる大統領

　韓国の大統領は行政や国のトップというだけでなく、軍の最高指揮官の地位も持っています。また、立法に対して法案の拒否権を持っていたり、司法に対して最高裁判所長官の任命権を持っていたりと、ほかのふたつの機関に対しても強い権限があるため、日本の内閣総理大臣と比べると、とても立場が強くなっています。

　次の項目では韓国の選挙制度にふれていきましょう。

大統領の主な権限

軍の最高指揮官（軍のトップであること）
法律案の拒否権（新しい法律を無効にできること）
最高裁判所長官の任命（司法のトップを任命できること）
予算の編成提出権（国のお金の使い方を決めること）

選挙のちがい

　韓国と日本では大統領や内閣総理大臣を決める選挙の仕組みがことなります。日本では、国民が選挙で国会議員を選び、選ばれた国会議員たちによって内閣総理大臣が選ばれます。

　対して韓国は、大統領を国民が直接選挙で選びます。大統領の権力が強い韓国では、国民が直接大統領を選ぶことで、国民の意見をより反映することができるメリットがあります。

　日本の選挙は政治の知識を持った人が代表して内閣総理大臣を選ぶので、理性的な判断ができる点がメリットといえるでしょう。どちらがいいのかに国やそのときの情勢によって変わりますが、どちらにしても国民は責任感を持ってしんちょうに選挙に行かなければなりません。

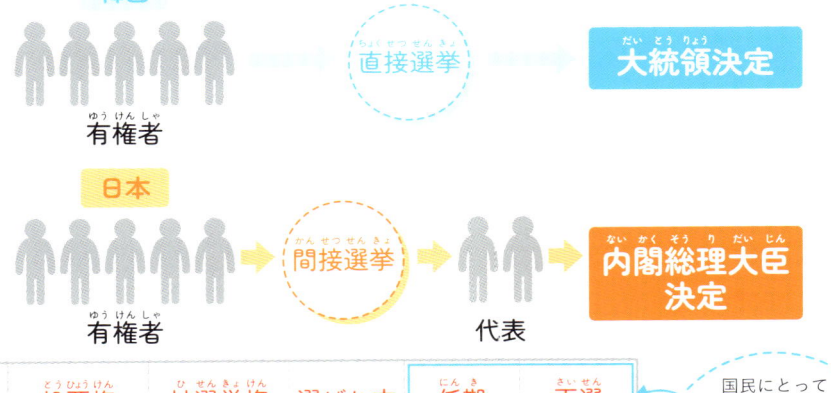

大統領選挙と内閣総理大臣選挙のちがい

韓国

有権者　→　直接選挙　→　大統領決定

日本

有権者　→　間接選挙　→　代表　→　内閣総理大臣決定

	投票権	被選挙権	選ばれ方	任期	再選
韓国	満18歳以上	満40歳以上（大統領※1）	国民の投票	5年	禁止
日本	ー	ー（※2）	国会議員の投票	ー（衆議院議員の任期は最長4年）	法的な制限なし

国民にとってよくないことをする大統領が長い間政治を行えないように、任期を決めて再選を禁止しているのが特徴です。

※1) 議員などに立候補できる被選挙権は満18歳以上。
※2) 投票権は満18歳以上。被選挙権は、衆議院議員は満25歳以上、参議院議員は満30歳以上。

ことばの説明　被選挙権…国会議員などの選挙で立候補して、代表として選ばれる権利のこと。年齢などの条件がある。

産業

韓国で有名な企業（きぎょう）といえば何があるでしょう。スマートフォンではサムスン、テレビやモニターのLG（エルジー）など、電子機器に関する企業が多い印象ではないでしょうか。

韓国の海外進出

韓国の主な産業は、**電子・電気製品（でんきせい）**、**自動車**、**鉄鋼（てっこう）**、**石油化学製品（せきゆかがくせいひん）**などです。特に電子・電気製品（でんきせいひん）は、テレビや家庭用電化製品（かていようでんかせいひん）、液晶ディスプレイ（えきしょう）、有機EL（イーエル）ディスプレイなどで高いシェアをほこる産業です。

また、韓国で重要な産業といえば**半導体（はんどうたい）**の名前があがるでしょう。冷蔵庫（れいぞうこ）などの家電製品（かでんせいひん）、スマートフォンなどの精密機械（せいみっきかい）、自動車など日常（にちじょう）のあらゆるものに使われている半導体（はんどうたい）は、**2013年以降（いこう）ずっと世界2位を維持（いじ）し続けるほど重要な産業になっています。**

工業化が進む韓国では、自動車産業も盛（さか）んです。ヒョンデ※（現代自動車（げんだいじどうしゃ））は韓国の中で有名なメーカーで、ハイブリッド車や電気自動車への需要（じゅよう）が増（ふ）えています。

韓国の貿易拠点（ぼうえききょてん）は釜山港（プサンこう）で、多くの貨物を取りあつかいます。

※日本ではヒュンダイと呼（よ）ばれています。

輸出額（ゆしゅつがく）
6,322.26億ドル

出典：「韓国の貿易投資年報（ぼうえきとうしねんぽう）(2023年)」（ジェトロホームページ）

- ■ 電子・電気製品（でんきせいひん）（半導体（はんどうたい）など）・・・・・・・31%
- ■ 機械類（きかいるい）（自動車など）・・・・・・・・・28%
- ■ 化学工業製品（かがくこうぎょうせいひん）（石油化学製品（せきゆかがくせいひん）など）・・・・15%
- □ 鉱産物（こうさんぶつ）（石油製品（せきゆせいひん）など）・・・・・・・・・・9%
- ■ その他・・・・・・・・・・・・・・・・・15%

四捨五入のため合計は必ずしも100%にならない場合がある。

Koreagram
♥ KOREA_LOVE

#釜山港
#부산항

ⓒ韓国観光公社フォトギャラリー

韓国のいろいろな産業

半導体

　状況により瞬時に電気を通す・通さないを切り替えられる物質のことで、電流を制御することが主な機能です。生活家電やスマートフォンから自動車や宇宙探査機まで、あらゆる電子機器に使われています。

有機EL

　特定の有機物質に電圧をかけると、有機物質自体が光る現象のことをいいます。この性質を使ったものが有機ELパネルで、テレビ用の大型パネルはLGディスプレイ、スマートフォン用の小型パネルはサムスン電子の2社が世界の有機ELパネル市場の8割以上を占めています。

写真提供/Samsung
最新シリーズのGalaxy S24
若年層に人気のGalaxy Z Flip6

自動車

　ヒョンデは韓国最大手の自動車メーカーで、ハイブリッド車を中心としたエコカー市場が勢いを増しています。2030年までに電気自動車を年間200万台販売する目標をかかげるなど、世界から注目されている産業です。

COPYRIGHT © Hyundai Mobility Japan Co., Ltd.

ヒョンデ主要モデルのIONIQ 5（電気自動車）。

二次電池

　韓国の新しい産業として注目されているのが二次電池で、充電してくり返し使える電池です。韓国は「2030年二次電池世界最強国」をかかげて、政府が企業の技術開発支援を積極的に行っています。

学校生活

韓国の小学校は「初等学校」といいます。
特に教育に熱心な韓国の小学生はどんな学校生活を送っているのでしょうか。

親が送りむかえ

韓国では小学校とはいわず、初等学校といいます。韓国の初等学校には集団登校というものはありません。多くの場合は、保護者が子どもを車で送りむかえをします。

カバンは、日本のようにランドセルはなく、児童一人ひとりが自由にカバンを選んで持っていきます。圧倒的に人気なのはリュックで、うわばきを入れるカバンとセットになっていることが多いです。

学校はプールがない？

韓国では、プールがある学校がほとんどありません。2014年までは水泳の授業をする習慣がなかったからです。2015年から水泳の授業が義務化されましたが、基本的には公共のプールに移動して授業をしています。

英語力はアジア5位！

韓国では1997年から初等学校3年生の英語が必修科目になっていて、日本よりも20年以上早く英語教育を充実させています。韓国の英語の授業は、英語でのコミュニケーションを重視した授業が特徴で、文を暗記させるよりも、動画を字幕なしで見たり英語でメールを書いたりと、実際の英語を使いこなせるような授業になっています。

授業のレベルも高く、韓国の初等学校6年生の英語の授業は、日本の中学2年生レベルだといわれているほどです。56ページのコラムにもありますが、英語能力指数ランキングの成績がアジアで5位の韓国※。小さなころから英語にふれることが、韓国の英語力の秘訣といえるのでしょう。

※出典：イーエフエデュケーションファースト

ことばの説明 英語能力指数ランキング…世界の成人が受けた英語テスト結果をランキングにしたもの。

とある初等学生の時間割

下の表は韓国の初等学生の時間割の一例です。基本的に日本より休み時間が短く、下校時間が早いです。その分、放課後に習い事や塾に通うそうです。

一日のスケジュール

8:30~	登校・朝の準備
9:00~9:40	1時間目
9:45~10:25	2時間目
10:35~11:15	3時間目
11:20~12:00	4時間目
12:00~12:50	昼休み
12:50~13:30	5時間目
13:35~14:15	6時間目

給食！

韓国の学校では、教室ではなく「給食室」で、調理員さんが給食を配ります。そして、クプシクパンというステンレス製やプラスチック製の仕切りのある大きなプレートにビュッフェのような形でもらっていただきます。韓国では食事中、食器を持たずに食べるので、ひとつのプレートに料理をのせます。

メニューは定番のキムチやトッポッギ、サムギョプサルなどの韓国料理が多く、果物やパスタ、サンドイッチなどバラエティ豊かな内容になっています。

#韓国の給食
#한국 급식

学校行事と部活動

授業や給食も日本と少しことなる韓国ですが、
学校行事や部活動はさらに大きなちがいがあります。

初等学校の主な学校行事

一年間の基本スケジュール

3月	始業式・入学式
4月	
5月	運動会
6月	
7月	1学期の終業式・夏休み
8月	2学期の始業式
9月	
10月	修学旅行（5年生または6年生）
11月	学芸会
12月	冬休み
1月	↓
2月	2学期の終業式・卒業式・春休み

日本は4月から1学期が始まりますが、韓国では一足早い3月から始まります。ちょうど暖かくなる少し前からですね。
クラス替えも毎年あります。

日本は3学期制が基本ですが、韓国は2学期制です。日本と比べると、1学期が長く感じますね。
夏休みは7月中旬から8月中旬までというのが一般的です。

冬休みは12月中旬から1月末まで、春休みは2月中旬から2月末までなので、ほとんどつながるように長いお休みが続きます。

※運動会や修学旅行、学芸会の開催は、学校ごとにちがいがあります。

韓国には「部活」がない？

日本では当たり前のようにある部活動ですが、韓国ではほとんど行われていません。授業時間（じゅぎょうじかん）に組みこまれていることが多く、参加している児童も少なく規模（きぼ）も小さいです。保護者（ほごしゃ）は勉強の時間が減るから、という理由で部活に参加させないことも多いようです。

放課後はどうしているの？

韓国の子どもの大多数は塾（じゅく）などの習い事へ通います。低学年はピアノやテコンドー、水泳、サッカーなどの習い事が多いですが、学年が上がるにつれて、ほとんど塾中心（じゅくちゅうしん）になってきます。英語塾（えいごじゅく）に数学塾（すうがくじゅく）、勉強全般（ぜんぱん）を見てくれる学習塾（がくしゅうじゅく）など、種類もさまざまです。

韓国は塾（じゅく）に対する熱量が高い国で、塾の送迎（そうげい）バスが学校の前まで来て、そのまま塾（じゅく）へ向かう児童も多くいます。帰りもバスで自宅（じたく）まで送迎（そうげい）してもらえるので、とても安全なシステムになっていますね。また、自宅（じたく）に先生が来てくれる家庭教師（かていきょうし）の指導（しどう）を受けている児童も多いです。

#送迎バス
#셔틀버스

放課後学校

放課後に校内で行われる授業（じゅぎょう）が放課後学校です。初等学校では学校外の業者が有料で音楽や美術、科学、料理などいろいろな授業（じゅぎょう）をしてくれます。これが部活動の代わりといえるのかもしれませんね。

学歴社会、進学について

「学歴社会」と呼ばれる韓国。なぜそんなにも学歴が大事で、勉強を熱心にするのでしょうか。
ここでは、その理由と進学先について見ていきましょう。

なぜ学歴が大事なのか

韓国は日本よりも大学進学率が高く「名門大学に入り、大企業に入ることが成功」といわれるくらいの学歴社会です。韓国での大企業とはサムスン電子やヒョンデなどの世界でも知られる財閥系の企業のことをいいます。

実は韓国は大企業の数が少ない国なのです。これは、韓国が数の少ない大企業を中心にして成長してきた国だからという理由があります。中小企業と比べると給料は比較的高く、勤務時間などの働く環境も大企業のほうが有利になっています。なので、韓国の学生は財閥系の企業に就職するために、いい大学に入って学歴を充実させようとするのです。保護者などの周りの大人もこのような社会の背景があるため、熱心に子どもに勉強させます。

※韓国では大学のことを大学校と「校」と付けて表記しますが、本書では「大学」と表記しています。

初等学校に入るまで

子どもが生まれてからすぐに教育を始める親もいて、ほとんどの親は子どもが2歳になるころからハングルや算数の簡単な計算を教え始めます。英語は、学校では初等学校3年生から必修科目になりますが、このころから習い始める子もいます。5歳くらいになるとほとんどの子が、ピアノや美術、テコンドーなどの習い事を始めます。幼稚園や保育園でもハングルや算数などの勉強をしています。

ことばの説明 財閥系の企業…韓国国内で会社の規模や影響力が大きく、経済で重要な立ち位置にある企業のこと。

受験について

　韓国は日本と同じで、初等学校6年・中学校3年・高等学校3年で、中学校までが義務教育です。

　中学校は住んでいる地域から指定されますが、中には教育の質が高い中学校に子どもを入れるために引っ越す家庭もあるほどです。

　特徴的なのは高等学校で、進学率はほぼ100%、そして中学校から高等学校へ進学するときは、さまざまな種類の高等学校があり、学校の目的によって、その選抜方法がことなります。例えば、中学校の内申成績などをもとに合格者を出す場合もあれば、外国語高校など、いわゆる特殊目的の高校に入るためには、その学校が設けた独自の入試を受けなければなりません。

　大学への進学率も高く、学校や家庭もかなりの力を入れます。学校では補習が行われ、図書館も夜遅くまで開いているため勉強できる環境があり、多くの学生は22時ごろまで勉強し、学校が終わったらさらに塾に通います。

国ぐるみの大イベント

　韓国では、修能と呼ばれる日本の大学入学共通テストに当たる試験があります。この成績が名門大学に入るための結果を左右するので、このたった一度の修能に、受験生たちは高校時代の3年間をかけています。

　修能当日は、会場に間に合わない学生を警察車両が送り届けたり、会社員の出社時間が変更になったりと、国を巻きこんだ受験体制になる一大イベントになります。まさに、学歴社会、韓国人の人生をかけた勝負というわけですね。

韓国に留学するには

語学を中心にいろいろなことを学び経験するためには、
実際に韓国へ留学するのも選択肢のひとつです。

留学への道

韓国へ留学するには、大きく分けて3つの方法があります。

まずは「大学への正規留学・交換留学」。この方法は充実した教育が受けられることが一番のメリットです。どちらもすでに韓国語や英語ができ、優秀な成績をおさめていることが必要です。

次に「語学学校・語学堂」。こちらは韓国で韓国語を学ぶための機関です。実際に韓国に行って韓国語を学ぶので、一から始めるならこちらがいいでしょう。夏休みなどを利用した短期留学もあります。

最後が「ワーキングホリデー」。これは韓国で短期の仕事をしてみたり、旅してみたりと自由に韓国の文化や日常生活を体験するためのプログラムです。専用のビザが必要なので、自分が何をするために行くのかを決めておきましょう。

延世大学校(ソウル)。　Ⓒ韓国観光公社フォトギャラリー

いろいろな道で韓国留学!

大学への正規留学・交換留学

- 大学で高いレベルの授業を受けられる
- 奨学金制度などもある
- 韓国語や英語能力が必要
- 基本的に長期になるので留学ビザが必要

語学学校・語学堂

- 韓国語の授業がメイン
- 語学学校は民間運営で中級レベルまで。語学堂は大学が運営するので大学への入学も目指せる

ワーキングホリデー

- 最大1年間、自由に生活を送ることができる
- 仕事や文化にふれる機会が多い
- ビザが必要で活動計画書も書く

初めて学ぶなら！

　韓国語を始めたい、まだまだ自信がないけど韓国へ留学してみたいという人は、語学学校や語学堂への留学がおすすめです。韓国で実際に生活して日常会話・文法・読み書き・リスニングなどを集中的に学ぶことができるので、日本で韓国語を学ぶよりも、実際にコミュニケーションを取りながら学びを得ることができるでしょう。

　語学学校と語学堂にもちがいはあります。ここで簡単に見てみましょう。

語学学校

・民間が運営している
・学内は留学生だけなので、韓国の学生とふれあう機会は少ない
・語学堂と比べると授業時間が短い
・ダンスや美容など、ほかのスキルを学ぶことができる

語学堂

・大学が運営している
・大学の施設が使えて、学生との関わりが持てる
・しっかりと勉強ができ、大学への正規留学を視野に入れられる
・出席率や課題などの条件が厳しい

小中学生の留学は？

　基本的に語学堂などの学校は18歳以上からなので、小中学生が韓国へ留学する機会は多くないです。ですが、18歳以下でも留学できるプログラムがあります。

　例えば「サマースクール」です。インターネットなどで探して、夏休みの期間に留学します。また、韓国との姉妹校で行う「交換留学」もよく知られる方法です。期間も人数もさまざまですが、学校側で受け入れの準備をしてくれます。

アジアで上位の英語力をほこる韓国。その背景には韓国の経済事情があります。

英語力が高い韓国

♡ 高い英語力！

世界最大級の語学学校運営企業、イーエフエデュケーションファーストが2023年に発表した英語能力指数ランキングで、韓国は49位、アジアの中では5位の成績※をおさめました。日本はアジア15位なので、韓国の英語力がかなり高いことがわかりますね。

初等学校の近くに英語塾があることも多く、毎日のように児童が学校帰りに通う姿が見かけられます。授業も実際に英語を使えるようにする内容が多く、また海外への留学生の数も日本の約3倍近くあり、英語教育にかなりの力を入れています。

では、なぜ韓国はこんなにも英語力を重視しているのでしょうか。

※出典：イーエフエデュケーションファースト

♡ 大企業が背景に？

韓国では、1997年に起きたアジア通貨危機で、韓国のお金であるウォンの価値がとても落ちてしまいました。一方、サムスン電子、LGエレクトロニクスなどの企業は次々に海外へ進出して、世界的な大企業になりました。

つまり、こうした大企業に就職するためには、ほかの国とのビジネスができるくらいの高い英語力が必要になったわけです。どんなに高学歴であっても英語ができなければ大企業に就職できない、そんな背景から、韓国は高い英語力をやしなうためにコミュニケーション重視の英語教育に力を入れているのです。

CHAPTER 3

韓国を
もっと楽しむ

한국을 더 즐기자

韓国の伝統芸能・工芸

となりの国ということもあり、韓国の伝統芸能や工芸は、日本に似ている部分もありますが、韓国の人ははなやかでにぎやかなものが好きなようです。

農民の伝統

韓国の伝統芸能として代表的なのが、**ノンアク**です。漢字では「農楽」と表記し、朝鮮半島の農民たちが豊作を願う祭りとして現代でも親しまれています。

庶民による大衆芸能として**タルチュム**という仮面をつけておどる祭りもあります。表情豊かな仮面をつけておどる姿はとても楽しげでにぎやかです。

伝統の布

ポジャギは伝統的な布製品で、ふろしきのようにものを包むために使われます。朝鮮王朝時代には宮廷でごうかなししゅう入りの絹製ポジャギが儀式に使用されていました。一般家庭では、服を作った際の余り布をぬい合わせて作るチョガッポと呼ばれるパッチワーク風のポジャギが一般的でした。

ノンアクの様子。さまざまな伝統打楽器を鳴らしながらおどる。　©韓国観光公社フォトギャラリー

写真提供／国立民俗博物館
(National Folk Museum of Korea)

ポジャギはタペストリーとしてかざったり、カーテンとして使ったり、使い方がいろいろある。

©韓国観光公社フォトギャラリー

タルチュムは仮面を使った劇のこと。韓国各地で親しまれている伝統芸能である。

伝統陶磁器

　日本の美濃焼や信楽焼のように韓国にも陶磁器の文化があり、韓国の伝統陶磁器は、大きく分けて青磁と白磁に分けられます。

　青磁は800〜1,000年前、白磁は100〜700年前から作られているとても歴史の長い陶磁器です。特に、陶磁器の表面にみぞをほってそこに白黒の土をうめることで模様を作る青磁は、世界的に見ても独特な技術であるといわれています。

©韓国観光公社フォトギャラリー

上が白磁、下が青磁。　©韓国観光公社フォトギャラリー

伝統ししゅう

　韓国のししゅうは、あざやかな色の糸で模様をほどこすのが特徴的です。昔はししゅうの仕事は女性の仕事として広まっていて、王族から庶民まで幅広く愛されていました。長寿の象徴であるツルとカメやはなやかなボタンの花やチョウなどのししゅうが人気だったようです。

　チマ・チョゴリのような伝統衣装にもこのししゅうが用いられ、はなやかなものになっています。

COLUMN

王女の花嫁衣装「華衣」

　韓国ドラマなどで目にする、花や鳥がししゅうされた花嫁衣装は華衣といって、王宮の結婚式で使われていました。現在では世界に約50着しか残っていない希少なものです。

写真提供／국립민속박물관 (National Folk Museum of Korea)

ふだんの食事

韓国では「밥 먹었어요？（ごはんを食べましたか？）」とあいさつことばのように使うことが多く、韓国の人にとって食事がとても大事なものであることがわかります。

どんなごはんを食べる？

韓国では料理を盛ったすべてのお皿を一度に食卓に並べて食事をします。ごはん、スープ、調味料、数種類のおかず（パンチャン）が伝統的な献立です。**キムチは必ず食卓にあって、おかずの種類も豊富**です。

主食は日本と同じようにごはん（**白米や玄米**など）で、おかゆやたきこみごはんも出てきます。麺の種類も豊富で、温かいスープの麺、冷たいスープの麺、スープなしの麺があります。

副食はスープや鍋料理のほかに、肉や魚、野菜を使った料理など、たくさんのおかずがあります。スープや鍋料理も種類が豊富なので、メインのおかずになることがあり、キムチをにこんだキムチチゲや、やわらかい豆腐をにこんだスンドゥブチゲなどが有名です。スープや鍋料理のほかに有名な料理で、プルコギやトッポッギなどが

あり、韓国の料理は本当に種類が豊富であることがわかります。

発酵食品が有名

発酵食品は体にいいことで有名ですが、韓国では昔から神秘的な力が宿っていると信じられてきました。大豆を塩で発酵させて作る調味料を장といい、スープやたれに入れるなど、韓国調味料として有名です。

韓国流　ごはんの食べ方

韓国ならではの食べ方には、ごはんを混ぜる食べ方があります。ビビンバやかき氷の上にのせた果物などのトッピングも韓国では**しっかり混ぜてから食べます**。そのほかに、**ごはんをスープにひたす食べ方**や、**葉野菜で肉やごはんなどを包む食べ方**があります。ごはんをスープにひたして食べるのは韓国でメジャーな食べ方です。

日本と韓国 食事マナーのちがい

日本

韓国

©韓国観光公社フォトギャラリー

日本では、はしを料理の手前に横向きに置き、食器を持ち上げて食事をします。

韓国では、はしとスプーンを縦に置くのがマナーです。食器はテーブルに置いたまま食事をします。

そのほか 食事のルール

©韓国観光公社フォトギャラリー

韓国では金属製のはし（チョッカラ）とスプーン（スッカラ）を使って食事をします。ごはんやスープはスッカラ、おかずはチョッカラで食べます。

年上の人が先に食べ始めてからほかの人は食事をします。
家ではおじいさんやお父さんが先に食べ始めてからほかの人も食べ始めます。

Koreagram

♥ KOREA_LOVE

#韓国調味料
#고추장

©韓国観光公社フォトギャラリー

韓国のキムチ

韓国の代表的な食べ物といえば「キムチ」！ 韓国では家庭ごとにキムチをつけこんでいるほど親しまれており、キムチを使った料理もたくさんあります。

キムチの基礎知識

キムチとは、野菜をとうがらしやにんにく、しょうがなどさまざまな調味料につけて発酵させて作るつけものです。

家でキムチをつけて家族で分け合うのが習慣で、2013年にはキムジャン文化がユネスコ無形文化遺産に登録されました。

一般的なキムチというと、白菜をとうがらしにつけこんだものを思い浮かべますよね。実は、キムチの種類は300種類以上！ 白菜のほかにも、大根やキュウリ、はたまた果物や海藻、魚などをつけるものもあります。

©韓国観光公社フォトギャラリー
キムチを作る様子。冬が来る前に、春先から1年分のキムチを作る。

キムチチゲ

©韓国観光公社フォトギャラリー

キムチを使った料理として代表的なのがキムチチゲ。鍋（スープ）料理のひとつで具材は肉や海鮮、野菜など店や家庭によって個性があるので、自分好みのチゲを見つけるのも楽しみのひとつです。

キムチマリククス

©韓国観光公社フォトギャラリー

キムチマリククスはキムチ入りのスープで食べる冷たいそうめん。具材は刻んだキムチに、のり、ゆで卵などシンプルで、焼肉屋さんのシメ料理として親しまれています。

ことばの説明 キムジャン文化…厳しい冬をこえるために家族や親せきが集まってキムチ作りをする文化。

キムチチム

© 韓国観光公社フォトギャラリー

　キムチチムとは、熟成したキムチといっしょに大きなぶたのかたまり肉を蒸した料理。チャーシューや角煮のような食べ物です。キムチチムには6か月以上熟成したキムチが使われるのが一般的で、酸味が強くなったキムチも、にこむことでフルーティーになり、肉のうま味を引き出します。

ポッサム

© 韓国観光公社フォトギャラリー

　ポッサムとは、ゆでたぶた肉をキムチや薬味といっしょに白菜などの野菜に包んで食べる家庭料理。肉などを野菜に包んで食べるところがサムギョプサルと似ていますが、サムギョプサルは肉を焼き、ポッサムは肉をゆでて作るところにちがいがあります。

キムチチャーハン

© 韓国観光公社フォトギャラリー

　キムチチャーハンはその名前の通り、キムチとごはんをいためた料理。サムギョプサルなどのシメ料理として親しまれています。キムチとチャーハンをいためたあぶらとの相性は抜群。大人から子どもまで人気で、食堂などで注文できます。

Koreagram

❤ KOREA_LOVE

© 韓国観光公社フォトギャラリー

#キムチ
#김치

韓国の行事ごはん

正月や誕生日を祝う習慣が韓国にもあります。
では、そのような祝いの席ではどのような料理が食べられているのでしょうか？

ソルラルの料理

　正月というと日本では1月1日の元旦を指しますが、韓国では旧正月といって旧暦の正月「ソルラル」に長期休暇が設定され、家族が集まります。

　韓国の正月料理の定番はトックというもちのスープで、日本で雑煮を食べるように、韓国でも、もちを食べる文化があります。そのほかにも、いもや野菜を小麦粉につけて焼いたチヂミや、さつまいもを原料とした麺を野菜、肉といためたチャプチェという料理を食べるのが一般的です。

©韓国観光公社フォトギャラリー

チャプチェは祝いの席によく並ぶ。いろいろな野菜を使うため見た目があざやか。

おもちのケーキ！？

　韓国では誕生日にわかめスープを食べるようです。韓国では出産後、わかめスープを食べる風習があり、誕生日にはわかめスープで祝う習慣があります。

　また、ケーキ屋さんで売っているホールケーキを食べることもありますが、韓国ならではの文化でおもちケーキというものがあります。スポンジの代わりにもちを使ったケーキで、最近ではおしゃれなおもちケーキが増えてきています。

写真提供/Korean desert『ippo』

せんさいで美しいおもちケーキ。誕生日だけでなく、祝いの際にも食べることがある。

日本と韓国 食事マナーのちがい

料理をシェアするとき

韓国では大皿料理を分け合うとき、以前なら取り分け用のはしが使われなかったり、また、取り皿も使わず直接食べる人もいましたが、最近ではほとんどの場合、取り分け用のはしと取り皿も使われています。

座敷ではあぐらをかいて食べる

韓国の座敷の席では、男女関係なくあぐらをかいて食べるのが習慣です。また、女性がチマ・チョゴリを着ているときなどには、片ひざを立てて食事をします。

COLUMN
韓国の食卓はおかずがいっぱい！

ⓒ韓国観光公社フォトギャラリー

日本の定食というと多くても一汁三菜程度ですが、韓国ではナムルやキムチ、チヂミやつけものなどたくさんのおかずを並べる習慣があります。祝いの席では品数が多い家庭もあるようです。

韓国の外食事情

韓国は外食する人が多い国で、街にはたくさんの飲食店が並びます。
金額の相場は日本よりも少しだけ安く、リーズナブルにたくさん食べられるのがうれしいですね！

外食する人が多い！

韓国では外食する人が多く、街には飲食店が多く並んでいます。種類も豊富で、ビビンバやサムギョプサル、チヂミなどなど……あげたらきりがないほどの料理が楽しめます。また、インスタント麺も人気で、韓国のコンビニにはインスタント袋麺のセルフ調理器が設置されています。

袋麺の種類によって、お湯の量などを調節できる。

写真提供／韓国ラーメンコンビニ「ラミョンチブ」

デリバリーの普及

日本のUber Eatsのように、韓国にもさまざまなデリバリーアプリが普及しています。自宅にいながら料理を注文できるので便利ですね。

飲食店の金額相場

韓国の飲食店の金額は、日本よりも少し安いくらいです。トッポッギやチヂミなど小麦粉で作る軽食が楽しめる食堂「粉食店」では、4,000ウォン〜8,000ウォン（日本円で約400円〜800円）程度で食べることができます。

一方、各種料理の専門店となると粉食店よりも値段が上がり、10,000ウォン〜15,000ウォン程度（日本円で約1,000円〜1,500円）が相場です。また、焼肉店となると、もう少し値段が上がります。とはいえ、日本よりはお手頃価格で楽しめるのはうれしいですね。

定番チェーン店！

　海外に行くとき、値段の相場がわからないと不安に感じますよね。そんなときは、定番のチェーン店に入ると安心です。世界中で展開している、マクドナルドやケンタッキーフライドチキン、スターバックスなどのチェーン店がもちろん韓国にもあります。「韓国に来てまで……」と思うかもしれませんが、それぞれ韓国限定のメニューがあるのでそれを注文するのも楽しみのひとつになります。

八色サムギョプサル

写真提供/八色サムギョプサル　ベトナム店

厚切りのぶた肉を鉄板で焼いて食べるサムギョプサルの専門店。世界中に展開しており、8種類の味付けが楽しめます。

セマウル食堂

セマウル食堂　名古屋栄店

写真提供/セマウル食堂　名古屋栄店

ソウル市内に50店舗以上展開する焼肉店。焼肉は韓国には欠かせない文化で、本格的な焼肉が楽しめます。日本でも店舗を展開しています。

外せない！ 定番グルメ

韓国には、からいものだけではなく、魅力的なメニューがたくさんあります。
韓国を訪れた際にぜひ味わってほしい定番グルメをしょうかいします。

ビビンバ

　日本でも人気の韓国料理ビビンバは、コチュジャンとごま油にそえられた具材とごはんをいっしょに混ぜて食べる料理です。「ビビン」は韓国語で「混ぜる」、「バ」は「ごはん」を意味します。

　また、石鍋にビビンバを入れた石焼ビビンバもあります。熱々の石鍋に盛られているため、食べ終わるまで冷めないのがうれしいポイント。

©韓国観光公社フォトギャラリー
新鮮な野菜と味付けナムル（野菜のおひたし）、いためた肉をトッピングしているケースが多い。

サムギョプサル

©韓国観光公社フォトギャラリー
ごはんを巻いて食べてもおいしい。焼きキムチやみそなどのトッピングもおすすめ。

　サムギョプサルの「サム」は「数字の3」、「ギョプ」は「層」、「サル」は「肉」を意味する韓国語です。一般的に韓国の焼肉は牛肉ではなく、ぶた肉が使われます。中でもサムギョプサルは、厚めに切ったぶた肉を鉄板で焼きあげ、コチュジャンなどの調味料といっしょにレタスの一種であるサンチュで巻いて食べる料理です。サンチュの葉は大きめなので、縦に半分に切って食べましょう。

サムゲタン

　サムゲタンは、とり肉に漢方の材料をつめてにこんだ、韓国の薬膳料理です。とり肉の中には、もち米やにんじん、松の実、なつめ、にんにくなどを入れ、長時間かけてにこみます。日本でサムゲタンは「寒い季節に食べられる」と思われていますが、実は韓国では暑い夏を乗りこえる「スタミナ料理」として認知されています。

　レストランでは、一人前ずつ石鍋に入った状態で提供されるため、ひとりでも気軽に楽しめます。

©韓国観光公社フォトギャラリー
あっさりとした味付けで、好みで塩やこしょうを加えてみるのもおすすめ。

冷麺

©韓国観光公社フォトギャラリー
どの店も冷たいスープの水冷麺（ムルレンミョン）とからいたれをのせたしるなしのビビン麺（ミョン）を用意している。

　冷麺は、そば粉を主原料とした、麺のつるつる食感が楽しい料理です。その中でも有名なのが、水冷麺（ムルレンミョン）。

　さわやかな冷たいスープにのどごしがよい細麺（ほそめん）がマッチ。肉、キムチ、ゆで卵（たまご）、大根などの具材をのせて食べます。

　韓国では、冷麺を食後のシメとして食べる、または小腹（こばら）が空いたときにおやつ代わりに食べる人が多いようです。夏にぴったりの冷やし麺ですね。

定番！　屋台グルメ

韓国の屋台では気軽においしい料理が楽しめます。
伝統的な食事からトレンドのおやつまでしょうかいします。

キンパ

最近では、日本のスーパーでもよく見かける韓国風ののりまき、キンパ。店によって中身の組み合わせはことなり、いためたキムチやチーズなどのシンプルな組み合わせや、マグロやナムル、スパムを混ぜ合わせたものなど種類はさまざまです。味の食べ比べをしてみるのもおすすめです。

トッポッギ

日本でも韓国フードの定番として知られているトッポッギ。韓国語で「トッ」は「もち」、「ポッギ」は「いため」を指し、直訳すると「もちいため」。文字通り、細長い韓国もちを砂糖とコチュジャンのあまからいたれでにこんだ料理です。韓国の人にとっては、学校帰りのおやつとして、友達と食べる懐かしい味なのだそう。

©韓国観光公社フォトギャラリー

©韓国観光公社フォトギャラリー

飲食店では太いものを輪切りにしたキンパが多いが、屋台では小さめのキンパが1本まるごと提供されることが多い。

©韓国観光公社フォトギャラリー

屋台では、もち以外にも長ネギや大根などの具が入っていることもある。

マンドゥ

マンドゥとは韓国風のぎょうざです。日本のぎょうざよりも大きく、一つひとつのボリュームが大きいのが特徴です。中身は肉や太めの春雨が入っており、カリカリにあげたものや、生地の両サイドをくっつけ丸い形にした焼きぎょうざ風のものなどいろいろな種類があります。店によっては、オリジナルのあまからソースをかけて食べるものもあります。

屋台のマンドゥは、たくさんの人で分けて食べられる、楽しいグルメのひとつです。

©韓国観光公社フォトギャラリー

©韓国観光公社フォトギャラリー

さまざまな形のマンドゥ。どの形のものを食べてみたい?

10ウォンパン

韓国の通貨「10ウォン」硬貨の形をしている見た目がかわいらしいおかしです。日本では「10円パン」として人気を博しています。

もともと韓国の慶州地方の観光客から人気が出て、韓国国内に広まっていったのですが、現在では韓国のどこでも食べられる人気グルメになりました。ホットケーキのようなあまめのパンの中には、とろけるチーズがたっぷり!　写真を撮っても映えそうな屋台グルメです。

Koreagram

♥ KOREA_LOVE

©韓国観光公社フォトギャラリー

#屋台
#포장마차

韓国発のスイーツ

近年の韓国は、おしゃれなカフェが増えています。韓国発のスイーツが日本で空前のブームになることも。人気の韓国スイーツをしょうかいします。

トゥンワッフル

トゥンワッフルとは韓国発のワッフルです。「トゥン」は韓国語で「太った」を意味します。その名の通り、中にはつめこまれた生クリームがたっぷり！その生クリームをはさんだ焼きたてのワッフル生地を、手で持ちながら「がぶり」といただくのが定番です。クリームの上には、イチゴやキウイフルーツをのせるほか、アイスクリームを加えることも。あまいもの好きにはたまらない定番スイーツです。

焼きたてのワッフル生地はふわふわでサイズも大きい。

クロッフル

クロッフルは、ワッフルメーカーでクロワッサンの生地を焼いたスイーツです。外はサクサク、中はもちもちとした食感で、ワッフルとクロワッサンのいい部分が同時に味わえます。

トッピングに、定番のバニラアイスやチョコレートアイスはもちろん、ハムやチーズ、レタスを使って軽食風にするのも人気です。チーズとはちみつを組み合わせて、あまじょっぱいテイストにするのもおすすめです。

写真提供/saddlerhaus[インスタグラム：saddlerhaus_bakery]
メニューにはいろいろな味があり、自分の好きな味を選ぶことができる。

ビンス

「ビンス」とは韓国語で「かき氷」のことです。日本のかき氷は氷そのものをけずりますが、ビンスはミルクベースの冷たい氷をこおらせてけずります。日本のようにシャリシャリした食感ではなく、さらさらとしたなめらかな食感が特徴です。

また、ビンスはボリューミーなサイズで提供されるため、ひとつを2人以上で食べるのが一般的です。

©韓国観光公社
フォトギャラリー

トッピングには、クリームやフルーツなどをそえる。見た目もかわいい。

©韓国観光公社フォトギャラリー

レインボーケーキ

2015年ごろに韓国で注目を集めたレインボーケーキは、その名の通り、スポンジの生地がにじ色にいろどられた美しいケーキです。

特に目を引くのは、5層から7層にもおよぶスポンジの重なり。うすいスポンジの層が重なっているため、食べ応えも抜群です。そえられたクリームは、スタンダードな生クリームのほか、クリームチーズやチョコレートクリームなどバラエティ豊かです。

SNSでも話題になり、韓国を代表する「映えスイーツ」としてとても人気です。

Koreagram

♥ KOREA_LOVE

#カフェ
#카페

©韓国観光公社フォトギャラリー

スポーツ

韓国の伝統的なスポーツであるテコンドーやシルムは、大切に受けつがれています。
サッカーと野球は日本と同じく人気があります。

テコンドー

韓国の代表的な国技として日本でも有名なのが、テコンドーです。漢字では「跆拳道」と書きます。

「跆」は「ふむ・ける・とぶ」を、「拳」は「こぶしでつく」を、「道」は「正しき道を歩む精神」を意味します。テコンドーといえば、華麗でダイナミックな足技が注目されがちですが、心をきたえるスポーツでもあるのです。

シルム

韓国の国技として、テコンドーと同じように有名なのがシルムです。

丸い土俵の中でおたがいのサッパと呼ばれる帯をつかんで戦います。日本のすもうと似ていますが、土俵の外に出ると日本では負けとなるのに対して、シルムでは組み直しとなるだけです。勝負は、相手のひざから上の部分を先に土俵につけたほうが勝ち、というルールです。

礼儀やにんたいを学べるスポーツとして、小学生の習い事としても人気があるテコンドー。

写真提供/KOREA.net

74

サッカーと野球

　韓国で人気のスポーツといえば、サッカーと野球です。

　サッカーは、日本のJリーグと同じように、プロのサッカーチームである「Kリーグ」があります。25チームでできているKリーグのほか、プロではないアマチュアのチームもたくさんあります。2002年に日本と共同で開催したワールドカップをきっかけにサッカーファンが増えました。

2002年、日韓サッカーワールドカップの競技期間中、ソウル市庁前広場で多くの市民がいっしょに応援をした。

　このときに赤いTシャツを着た「レッドデビル（Red Devils）」と呼ばれるファンの熱狂的な応援が世界で注目されました。今でも大きな試合で、レッドデビルの応援を見られます。

　野球も10球団あり、年間試合数は144試合。日本のプロ野球とほぼ同じです。

バスケ人気

　バスケットボールも人気があります。バスケットボールを題材とした日本のマンガ『SLAM DUNK』（集英社）の映画『THE FIRST SLAM DUNK』が2023年に韓国で公開されたときには、公開から1か月あまりで観客数は285万人を突破しました。当時上映中の映画の中で人気1位となりました。『SLAM DUNK』はもちろん、バスケの人気の高さもわかります。

　韓国で人気の日本文化については140ページをチェックしてくださいね。

COLUMN

eスポーツも熱い！

　韓国では、日本でeスポーツが一般的になるだいぶ前から大きな大会が開催されていて、2000年に入り、制度の整備も進んだことで、プロリーグの立ち上げやルールの制定が進められました。

　このように文化として定着しつつあるeスポーツでは、47チーム、500人近くのプロゲーマーが競い合っています。

韓国の伝統衣装

韓国の伝統衣装「韓服」には、
女の人用の「チマ・チョゴリ」と男の人用の「パジ・チョゴリ」があります。

チマ・チョゴリ

韓国の女の人の伝統衣装チマ・チョゴリ。あざやかな色の組み合わせやこまかなししゅう、ふわりと広がるスカートが印象的です。現在、チマ・チョゴリを普段着として着る人は少なく、結婚式や正月などの特別な日に着るものとなっています。

チマ・チョゴリの「チマ」は「スカート」を、「チョゴリ」は「上着」を意味します。

写真提供／국립민속박물관
(National Folk Museum of Korea)

かみにさすかんざしは、長いものを「ピニョ」、短いものを「ディコヂ」といい、「ピニョ」は結婚した女の人だけが身につけるものです。

写真提供／국립민속박물관
(National Folk Museum of Korea)

写真提供／국립민속박물관 (National Folk Museum of Korea)

衣装の上下が分かれているのが日本の伝統衣装の着物とちがう点です。チマは長い巻きスカート状になっている。

チマにつける「ノリゲ」は、装飾品であるとともに、モチーフによってよい縁などの願いがこめられたお守りの役割もあります。

写真提供／국립민속박물관
(National Folk Museum of Korea)

せんさいなししゅうがある女の人用の「コッシン」。

写真提供／국립민속박물관
(National Folk Museum of Korea)

パジ・チョゴリ

　男の人の伝統衣装はパジ・チョゴリと呼ばれます。「チョゴリ」はチマ・チョゴリと同じ「上着」を、「パジ」は「ズボン」を意味します。

　男の人がチョゴリの上にコートのように着る、たけの長い上着はトゥルマギといいます。

写真提供／국립민속박물관 (National Folk Museum of Korea)

パジ・チョゴリ。ズボンになっているところがチマ・チョゴリとのちがい。

写真提供／국립민속박물관 (National Folk Museum of Korea)

ぼうしは「ガッ」といい、正装して外へ出かけるときなどにかぶった。

子どもの衣装

　韓国では、子どもの1歳の誕生日に、親せきや友人を招いて盛大に祝うトルチャンチという風習があります。その由来は、昔、赤ちゃんが1歳まで生き延びることが難しかった時代に、1歳になったことを祝うことと、これからの成長を願ったことが始まりとされています。このときに、子どもの成長や健康、幸せなどの願いがこめられた「黄・青・白・赤・黒」の「五方色」（オバンセク）をふくむしま模様のそでが特徴のチマ・チョゴリやパジ・チョゴリを着せます。

写真提供／국립민속박물관 (National Folk Museum of Korea)

子ども用のチマ・チョゴリ。

韓国ファッションの歴史

韓国のファッションは長い年月をかけて移り変わってきました。
ファッションの歴史を見ると、時代背景も見えてきます。

三国時代

大昔の朝鮮半島は、いくつもの小さな集団が各地で力を競い合っていましたが、三国時代では、その中でも力を付けた集団が高句麗、百済、新羅の3つの国を作りました。この時代の韓服が**チマ・チョゴリの起源**といわれています。

統一新羅時代

三国に分かれた朝鮮半島を統一新羅が統一したこの時代（676年〜935年）、新羅は唐（当時の中国）の影響を強く受け**服装も唐に近いもの**でした。唐文化であるスカーフが特徴的です。

高麗時代

高麗が統一新羅をほろぼしたこの時代（935年〜1392年、高麗建国は918年）、**宋**（当時の中国）と**元文化に影響を受けました**。えりの長さが短く

なり、こしの帯が太いのがこの時代の韓服の最大の特徴です。

朝鮮時代

朝鮮時代（1392年〜1910年）では儒教が政治理念および生活の道徳規範となり、したがって、その儒教文化が衣服にも影響をおよぼしたといわれています。

©韓国観光公社フォトギャラリー

また、朝鮮時代の衣服には王権をふくむ身分秩序を強化していこうとする意図がこめられていました。現在の韓服のスタイルは朝鮮時代を通して形作られてきたものだといわれています。

開化期

朝鮮国から大韓帝国へと国号を改めたこの時代（1897年）、西洋文化の流入が盛んとなり国民のファッションは西洋スタイルに移行しました。また、日本が韓国を統治した1910年以降は、日本が韓服の着用を禁止しました。1930年代には、韓国ファッションの母と呼ばれる、ファッションデザイナーのチェ・ギョンジャが韓国で最初の洋裁学院を設立します。

朝鮮戦争期（1950年〜1953年）

1945年、韓国は日本統治から解放され、韓国内では服装制度を設けた日本への反発として韓服をよく着用するようになります。

しかし、朝鮮戦争によりアメリカからの洋服の支給を受けると、また洋服が普及し始めます。このころは、米軍から流れてきた軍服を加工したファッションが人気を集めました。

〜現代

洋服が流行して以降、韓国は時代に合わせて流行が移ろいました。1980年代には日本と同じようにディスコファッションが流行しました。ディスコファッションといえば、「肩パッド」や「ボディコン（ボディコンシャスの略）」などが特徴のスタイルです。肩にボリュームを持たせるジャケットやぴったりとフィット感のあるファッションなどを取り入れ、当時のトレンドとして注目されました。

2010年以降は個性的なファッションが流行し、存分におしゃれを楽しんでいます。韓国ファッションは日本にも影響をあたえるほどトレンドを先取りしているといえます。

COLUMN

韓服の色

韓服は昔、年齢や身分によって着用できる色が決められていました。着用している韓服の色を見れば、その人がどういった身分で、何歳くらいなのか推測することができたのです。

ファッションの基本

韓国の女の子のファッションは、大きく分けて4ジャンル。基本的にどのスタイルもメリハリ感を出すことがポイント。色とりどりのカラーリングで個性的なスタイルが人気です。

フリルや
レースのついた
アイテムを着用

足元もやわらかい
印象で統一感を

フェミニンスタイル

フェミニンには「女性らしい」という意味があり、やわらかくて優しいイメージのスタイルのことをいいます。
花柄やフリルのついたアイテムや、素材も色合いもやわらかく、優しいものを合わせることが多いです。

カジュアルスタイル

シンプルでいつものコーデに取り入れやすいスタイルのことをいいます。ゆったりとしたシンプルアイテムを合わせたシルエットに、ボリュームスニーカーを取り入れるとより韓国ファッションらしくなります。

全体的に
ゆったりとした
シルエット

ボリューム
スニーカーで
スタイル
アップ

モードスタイル

モードには流行りという意味があります。
全身を黒でまとめるなど、モノトーンでシンプルな
ファッションのことを呼ぶことが多いです。
変形デザインや目をひく柄・色のアイテムを組み
合わせてもよいでしょう。

動きやすさを兼ね備えている

シルエットは
メリハリを
つけると
なおよい

黒を基調
としている

変形
デザインで
個性的に

ストリートスタイル

ストリート（街）の若者たちから始まったスタイル
のことをいいます。
アクティブでエネルギッシュな印象にしたいときに
おすすめ。スウェット、デニムパンツにスニーカー
などを組み合わせることが多いです。

レイヤードコーデ　重ね着することをいいます。色や柄、素材を組み合
わせていろいろなスタイルに挑戦してみましょう。

韓国風ファッション

韓国の10代には多様性と個性を活かしたファッションが大人気！
ここでは人気の韓国ブランドをいくつかしょうかいします。

KIRSH
キルシー

さくらんぼをモチーフにしたキュートなアイテムで知られ、K-POPアイドルも着用し、人気を集めています。

ビッグ チェリー クロップ丈 スウェット：
大きめのボトムスと合わせてカジュアルな雰囲気にしたり、ミニスカートと合わせてガーリーな印象にしたりできるかわいいアイテムです。シンボルマークが大きく、この一枚でインパクトがあります。

写真提供/KIRSH TOKYO FLAGSHIP STORE

muahmuah
ムアムア

ストリートスタイルからカジュアル、キュートスタイルまで幅広いアイテムを展開し、独特の個性が感じられます。

Stitched round long sleeve t-shirt[5 color]：
スリムなフィット感でカラーは5種類あり、快適に一年中着用しやすいTシャツです。胸元にはベーシックなロゴデザインがししゅうされています。単独の着用もかわいいですが、レイヤードコーデでも着用できるアイテムです。

写真提供/muahmuah

オーバーサイズとタイト

オーバーサイズとタイトアイテムの組み合わせは、バランスが整って、スタイリッシュな印象になります。

「オーバーサイズのトップス×タイトなボトムス」や「ワイドパンツやルーズなスカート×タイトなトップス」は、全体的なシルエットにメリハリが生まれます。

この対比が、韓国ファッションの特徴的な「抜け感」を演出しています。

はっきりしたカラー

全身をモノトーンや落ち着いた色合いでまとめ、ビビッドカラーやネオンカラーのアイテムを一点だけ取り入れる手法が人気です。

落ち着いたカラーの中にアクセントとなるカラーを入れると、変化を加えることができます。

写真映えのよさもポイント。ビビッドカラーやネオンカラーの使用は、既存の枠にとらわれない自由な発想から生まれる韓国ファッションの魅力のひとつです。

ボリュームシューズ

特に人気が高いのは厚底スニーカーで、身長を高く見せてスタイルアップできる魅力的なアイテムです。

例えば、シンプルなジーンズとTシャツに、ボリュームシューズを合わせることで、一気に韓国風ファッションになります。ボリュームシューズは、カジュアルなスタイルはもちろん、ワンピースやスカートなどのフェミニンなアイテムとも相性がよく、さまざまなコーディネートに取り入れられています。

AKIII CLASSIC（アキ クラシック）

写真提供/AKIII CLASSIC

AKIII URBAN TRACKER Jr SP(CREAM)：サイドパーツにはアキクラシックの頭文字【AKCL】のロゴを配置。厚めのクッションは軽量化され、日常でのはきやすさを考えたデザイン。

ファッションとスポーツがハイブリッドしていることが特徴。韓国国内で人気になり、現在は中国やアメリカ、日本でも展開されています。

コスパ最強 人気コスメ

韓国メイクはナチュラルな仕上がりがトレンド。全体的にあわくうすめの色使いをします。
ここではおさえておきたい韓国ブランドアイテムをしょうかいしていきます！

Wonjungyo

TWICE のメイク担当のウォンジョンヨ先生（涙袋メイクの第一人者）がプロデュースしたブランド。
ブランドミューズには TWICE のモモを起用し、「make you better 自分に似合うメイクで、新しい自分に。」をコンセプトにしています。

ウォンジョンヨ
トーンアップベース NA:

ツヤ肌を演出するトーンアップベース！ シルバーパール入りでツヤ肌へ。スキンケアで肌を整えたあと、ムラなくのばして使います。

ウォンジョンヨ
メタルシャワーペンシル05:

なめらかなかき心地でひとぬりすれば、ぷっくり涙袋が完成！
まぶたに沿ってぬります。
お好みで指やブラシでぼかして使います。

写真提供/株式会社Rainmakers

ETUDE

「オルチャンメイク」の火付け役で手頃な価格帯でありながら高品質なブランド。ブランド名はフランス語でショパンの「美しい練習曲」という意味。常にチャレンジし続ける積極的でポジティブなすべての女性を表しています。

エチュード
カールフィックスマスカラ
ブラック:

韓国 No.1[※]のマスカラ！
上向き束感まつげが簡単に作れます。
汗、皮脂にも負けないウォータープルーフ仕様。

※カールタイプマスカラ売上シェア（外部機関調べ）集計期間2015/9/14〜2023/9/10

エチュード
オーバーグロウティント
ピーチシュガー:

ひとぬりすれば、フラッシュライトを当てたような光沢感！
水分たっぷりのオイルまくがくちびるを包みこみます。

写真提供/アモーレパシフィックジャパン株式会社

ドキドキ、ワクワク......はじめてのメイク。
ここでは4つのブランドからアイテムをしょうかいします。
メイク初心者でも本格的なメイクができるよう工夫されているアイテムばかり
なので、たくさん挑戦して自分のお気に入りを見つけてくださいね。

CLIO
（クリオ）

ブランド名の「CLIO」はギリシャ神話に出てくる女神の名前。韓国国内で一番初めに誕生したメイク専門ブランドです。メイクアップを通して "新しいわたし" に挑戦し自分自身をすてきに作り上げる女性のために誕生しました。

rom&nd
（ロムアンド）

YouTuberとして活躍している韓国のビューティクリエイター、ミン・セロムさんが立ち上げて今もプロデュースしているブランド。寒色系の色合いが得意で、ロマンティックでシックな感性をコンセプトにしています。

クリオ
キルカバースキン
フィクサークッション：

キルカバーならではの密着力・キープ力・カバー力はそのままに、ふんわりマット肌へ仕上がる。

ロムアンド
ハンオールブロウカラ 02：

まゆ1本1本に均一にフィット。さっとひとぬりで自然なカラーチェンジがかないます。トレンド感のあるマットなニュアンスで、ふんわりとした仕上がりに。

クリオ
プロアイパレット 01シンプリーピンク：

デイリーで使えるカラーとトレンディなカラーの組み合わせで、さまざまなメイクの演出ができる、豊富なカラーバリエーションのアイパレット。

写真提供／株式会社クリオジャパン

ロムアンド
ジューシーラスティング
ティント 37：

なめらかでうるおいのあるリップ。果汁のシロップのようなカラー感です。時間が経つにつれ、なめらかになり、ボリューム感を表現します。

写真提供／株式会社韓国高麗人蔘社

韓国風メイク

韓国メイクの特徴や方法を知れば、初心者でも簡単に韓国風のかわいい仕上がりにすることができます。「盛り」と「抜け」でアイドルのようなメイクにチャレンジしてみましょう。

素の美しさ

韓国メイクは「盛る部分」と「抜く部分」のバランスがキーポイントです。印象的にしたい部分は思い切って盛りつつ、ほかの部分はナチュラルさを保つことで、清楚で健康的な印象になります。

人気アイドルや人気女優のメイクを見ると、3つの特徴があるようです！

①水光肌
②横長のアイライン
③まゆは平行に

「水光肌」って？

水光肌は、韓国発祥の美容トレンドで、「内側から発光するようなツヤ感と、みずみずしくうるおった質感のある肌」を指します。肌の透明感とハリが、フレッシュな印象をあたえます。

ポイントは、しっかりとした保湿と透明感のあるメイクです。

アイラインは横長に

全体的に目の横幅を強調し、大きく見せるためにアイラインを横長に引きます。ナチュラルな印象を保ちつつ、魅力的な目元を作るためには、アイラインの入れ方のコツをつかむことが大切です。

平行まゆって？

韓国メイクは平行まゆがとても特徴的です。自然な平行まゆを作れば、簡単に韓国メイクに近づきます。自分のまゆの形を活かしつつ、足りない部分をかき足しましょう。ポイントは、まゆの上でなく、下にかき足すことです。

ここでは、韓国メイクの特徴を3点にしぼって説明しましたが、メイクはこれだけでは完成しません。自分がしてみたいメイクを研究していろいろ試してみましょう。87ページでは基本的なメイクの解説をしていきます。

基本的なメイク

アイメイク:
ナチュラルなブラウンか
ピンクカラーを使うと肌
なじみがよいです。

アイライン:
ペンシルタイプのライナー
でまつげのすきまをうめ
ます。リキッドタイプのラ
イナーで目尻から外に向
かって平行にラインを引き
ます。

マスカラ:
束感を意識してカール
するようぬります。

ヘアスタイル:
顔まわりのデザインにこだわるのがポイント。
レイヤーを入れたり、外巻きにしたりと工夫してみ
ましょう。

アイブロウ(まゆ):
パウダーやペンシルを使って
足りないところをかき足しま
す。完全に直線にするのでは
なく、曲線を残すことで自然な
仕上がりになります。

ベースメイク(肌):
しっかりと保湿したら下地を使っ
てベースを作りましょう。ファン
デーションはうすく広くのばし、
上からフェイスパウダーをのせる
などしてくずれ防止をします。

リップ:
リップもナチュラルな仕
上がりがトレンド。ベー
スにティントをぬり、仕
上げにグロスを使って
ツヤ感をプラス。

韓国メイクは小顔に見せる
こともポイント!
かげを作りたいところは
シェーディング、高く見せた
いところにはハイライトを
使ってみましょう。

ハイライト

シェーディング

美容事情

韓国といえば美容大国！　日本でも韓国コスメがたくさん販売されています。
実際の韓国の人の美容事情はどうなのでしょうか？

美容事情

　韓国は「美容大国」といわれていて、コスメやエステ、美容整形や美容医療がかなり普及しています。

　韓国では男性アイドルのメイクも当たり前。小学生からみんなコスメを持っているようです。

　K-POPの人気が高まったこともあり、日本でも韓国コスメが人気を集めています。

歯が大事！

　韓国では、歯並びと歯の白さに気をつかっている人が多いです。

　また、白い歯をキープするため、定期的なホワイトニングをして、1日3回は歯みがきをするそうです。1日3回の歯みがきは虫歯予防にいいとよく耳にしますよね。「歯の健康を保つ」ことが「歯の美しさを保つ」ことにつながるのは、とてもよい習慣ですね。

お肌のケア

　韓国では、ニキビなどの肌トラブルは「肌の病気」としてとらえられており、少しでも肌に異常があればすぐに皮ふ科に行きます。日本人がかぜを引いたら病院に行くのと同じ意識だそうです。

　また、普段からスキンケアを欠かしません。肌トラブルを予防するためにさまざまなコスメを使って自分に合ったケアをするのが韓国流。

　そのため、韓国コスメはニキビ予防に効果のあるアイテムがたくさん！　薬局などでも気軽に買えるので、お土産に購入してみるのもいいですね。

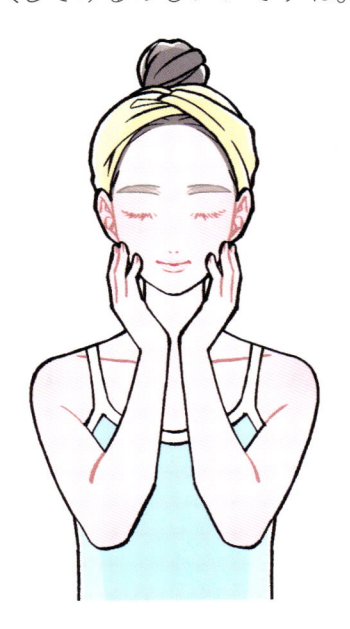

ダイエットへの意識

　美意識の高い韓国の人は、ダイエットについても抜かりありません。特に女性は、日々ダイエット情報をアップデートして、自分に合った方法を取り入れています。そのため、ダイエットサプリや食品も非常に普及しています。しかも韓国の人は化学調味料をさける人が多いため、無添加食材を使ったオーガニックなサプリや食品が人気です。食事制限だけでなく、運動も取り入れながら「がまんしないダイエット」をするのが韓国流。運動することは基礎体力をつけることにもつながり、心身ともに元気になれます！

韓国の運動事情

美容大国の韓国はフィットネス大国でもあります。
男女問わず運動への意識が高く、たくさんの人がフィットネスジムに通っています。

フィットネス大国！

韓国の人は美容や健康への意識が高く、いつでも「きれいでいること」を心がけている人がたくさんいます。そのため、運動に対する意識も高く、多くの人がジムに通ったり、日常的に体を動かしたりしています。

そのため、街にはフィットネスジムがたくさんあり、公園などの公共の場所にも、だれもが使えるトレーニングマシンが設置されています。

体型維持は無理な食事制限ではなく、運動で行うのが韓国流。

料金が安いジム

日本のフィットネスジムの料金は月に8,000〜10,000円ほどが相場ですが、なんと韓国の相場は4,000円！日本の半分程度です。それだけ、運動する文化が根づいているということですね。

運動中のカフェイン

運動中に摂取する水分は水やスポーツドリンクというのが日本での常識ですが、韓国ではカフェインドリンクを飲むことが一般的です。ジム内でもコーヒーやプロテイン飲料が販売されていて、多くの人が活用しています。ジム内のカウンターでスタッフがおいしいドリンクを提供してくれるので、きっとジムに通う楽しみのひとつになるでしょう。

ジムは女性が多い？

日本のフィットネスジムには比較的男性が多いイメージがありますが、韓国のジムは女性の比率が高いです！

また、ジムの雰囲気もおしゃれでカフェなどが設置されているところも多いです。

基本ひとりでトレーニング

日本では友達や家族といっしょにジムに通う人も多いですが、韓国ではだれかといっしょに運動をしている人はほとんどいません。ジムの利用者が多いこともあり、ひとりで効率よくトレーニングをして、終わったらすぐに帰るというのが韓国ジムの常識です。

COLUMN

寒くても冷たいコーヒーを飲む

韓国には얼죽아という造語があります。これは"こおって死んでもアイスアメリカーノを飲む"という意味です（アメリカーノはコーヒーをうすめて作った飲料のこと）。韓国の人はコーヒーが大好きなのですが、日本より寒い冬にアイスアメリカーノを飲む人がいるそうです！寒い冬にもアイスクリームが食べたくなるような感覚なのでしょうか。

Koreagram

♥ KOREA_LOVE

#アイスアメリカーノ
#아이스 아메리카노

日韓の文化交流の歴史

長い間、韓国では日本大衆文化を排除する政策がとられてきました。
しかし、日韓両首脳の話し合いをきっかけに、今の文化交流に広がりました。

日本大衆文化の禁止

1910年から1945年まで35年もの間、日本は韓国をふくむ朝鮮半島を植民地としていました。その間、日本は日本語を学ばせ、母国語である朝鮮語の教育を禁じました。また、日本からの解放を求めるデモを武力でおさえこむなど、権利をうばう政策を行いました。

1945年、日本の戦争が終結したため、朝鮮半島は占領から解放されます。その後、韓国では映画や音楽、ゲームといった日本の大衆文化を排除してきました。日本の大衆文化を直接禁止する法律があったのではなく、「国民感情を害するおそれがある、または公序良俗に反する外国の公演物を公演することはできない」という公演法などに基づいて、排除されていました。

「日韓共同宣言」

1998年10月、金大中大統領（当時）と小渕恵三首相（当時）との首脳会談が日本で行われました。この会談では、未来のあるべき両国関係について意見交換され、「21世紀に向けた新たな日韓パートナーシップ」として「日韓共同宣言」が発表されました。この宣言では、人の交流や文化の交流を促進することがうたわれます。そして、韓国では、日本大衆文化を解禁していく方針が発表されました。

©韓国観光公社フォトギャラリー

独立記念館。太極旗がたくさん並んでいる。

日本の映画

「日韓共同宣言」が発表された年と同じ年の1998年12月には、日本映画として初めて北野武監督の『HANA-BI』が、続けて黒澤明監督の『影武者』が、韓国の映画館で一般公開されました。そして、1999年に上映された岩井俊二監督の『Love Letter』は大ヒットとなり、日本では約20万人だった観客数が韓国では140万人以上となりました。

「ヨン様ブーム」

一方、日本では、2003年に放送された韓国ドラマ『冬のソナタ』が大ヒット。主演男優のペ・ヨンジュンは「ヨン様」と呼ばれ、中高年の女の人を中心に熱狂的な人気を得ました。

このドラマの舞台を訪ねるために韓国を旅行したり、韓国語を勉強したりする人が増加します。さらに、映画やK-POP、化粧品やエステなど、韓国文化が幅広く日本で受け入れられる大きなきっかけとなりました。

日本で大ヒットした作品

韓国では2004年、日本では2005年に公開された『私の頭の中の消しゴム』。この作品は日本で公開された韓国映画の中で当時、韓国映画の歴代興行収入トップを記録しました。ヒロインを演じるのは『愛の不時着』で有名なソン・イェジンです。韓国文化が日本に浸透するまでに、このような流れがあったのですね。

私の頭の中の消しゴム

写真提供／ギャガ株式会社

2005年に日本で公開された韓国映画『私の頭の中の消しゴム』は、日本でも大ヒットした。

K-POPグループ

K-POP は、韓国でも日本でも、世界中でも大人気！
ここでは人気アイドルグループや注目のアイドルグループをしょうかいしていきます。

写真提供：ワーナーミュージック・ジャパン

TWICE（ファンの呼び方：ONCE）

2017年に日本デビュー、デビューから3年連続で紅白歌合戦に出演しました。

2023年から2024年にかけて全世界で累計約150万人を動員した超大型ツアー『TWICE 5TH WORLD TOUR 'READY TO BE'』を開催。世界的に活躍するグループです。

写真提供：(株)ソニー・ミュージックレーベルズ

Stray Kids（ファンの呼び方：STAY）

2020年3月18日にベストアルバム『SKZ2020』にて、日本デビューを果たしました。メンバー自ら作詞・作曲・プロデュースを手がけ、才能を持ったグループとして世界から大きな注目を集めています。

COLUMN

徴兵制度ってなに？

韓国ではすべての20〜28歳の健康な男性に兵役の義務が課せられています。北朝鮮からの脅威に備えるため、パラシュートや戦車を使った訓練などを行い、軍隊に配属されます。兵役の期間は陸軍の場合、18か月（1年6か月）。その間はアイドルも芸能活動をお休みしなければいけません。

写真提供：ワーナーミュージック・ジャパン

ITZY（ファンの呼び方：MIDZY）

　2019年に韓国デビューし、デビュー前からさまざまなサバイバル番組や他アーティストのMVなどに出演し、優れた歌唱力とパフォーマンスで注目を浴びていました。「自己肯定」のメッセージがストレートに伝わるパワフルな楽曲が注目されています。

写真提供：(株)ソニー・ミュージックレーベルズ

NiziU（ファンの呼び方：WithU）

　サバイバル番組「Nizi Project」で結成され、2020年に正式メジャーデビューしました。

　メンバーは9人で、JYP初の日本人のみで構成されたガールズグループです。

写真提供：(P)&(C)BELIFT LAB Inc.

ILLIT（ファンの呼び方：GLLIT）

　日本人メンバー2人をふくむ5人で構成され、2024年3月に1st Mini Album 'SUPER REAL ME'でデビュー。タイトル曲「Magnetic」が世界中で大ヒットし、K-POPデビュー曲初・最高記録をぬり替えるなど、トレンドを席巻しているグループです。

95

アイドル聖地巡礼

ここでは、アイドルたちのゆかりの地である、アイドルの所属事務所や
アイドル御用達といわれる飲食店など、韓国旅行でぜひ訪れたい場所をしょうかいします！

アイドル事務所

アイドルの聖地巡礼といえば、所属事務所巡りを思い浮かべるほどアイドルと事務所は切り離せないですよね。基本的に建物内に立ち入ることはできませんが、外で記念撮影したり、アイドル事務所の空気を味わったり、できることはたくさんあります。

かつては、建物内にアイドル関連の展示やカフェがあるなどしたのですが、現在は営業を終了しているところもあるようです。事務所巡りをする際には、公式SNSなどをチェックして、しっかりと情報を集めるようにしましょう。

K-POPアイドルの事務所は多く存在しますが、4大事務所といわれるものがあります。それは、「SM」「JYP」「HYBE」「YG」のことを指しています。それぞれの事務所ごとにその歴史、特徴はことなります。

JYPエンターテインメント

TWICEやStray Kids、ITZYなどのアイドルが所属している「JYPエンターテインメント」。韓国だけでなく、アメリカや中国、日本などグローバルに活躍するアイドルやアーティストを輩出しています。

かつては事務所公式カフェがありましたが、2021年に閉店しています。

© JYP Entertainment

JYP本社ビルの外観

JYPエンターテインメント
住　所：ソウル特別市江東区江東大路205
行き方：地下鉄5号線道村洞駅 3番出口 徒歩16分

SEVENTEEN メンバー行きつけ店

　SEVENTEEN のメンバー S.COUPS さんとジョンハンさんがプライベートで訪れ、Instagram でしょうかいした店「潜水橋チッ 5 号店」。この店では、冷凍サムギョプサルなどが有名で人気メニューとなっています。

写真提供／潜水橋チッ 5 号店

潜水橋チッ 5 号店
住　　所：ソウル特別市江南区新沙洞626-71
行き方：地下鉄3号線狎鷗亭駅3番出口から徒歩12分
営業時間：11:30～5:00　　休日：無休

BTS が5年間暮らした寮

　BTS のメンバーがかつて暮らしていた寮をリノベした「カフェ 休家」は、とても有名な聖地巡礼スポットです。店内には ARMY（BTS ファンの呼び方）からのメッセージがはられていて、BTS が世界中から愛されていることがわかります。

JYP 事務所近く！ 地元の食堂

　Stray Kids が練習生時代、行きつけだったというエピソードがある「コルモッ食堂（清潭洞）」。移転前の JYP 社屋が近くにあったことから、ほかの JYP 所属アイドルたちのサインを見ることができます！

HYBE 新社屋

　HYBE 新社屋は BTS などが現在所属する事務所 HYBE の建物です。Big Hit Entertainment から2021年に会社名を HYBE へ変更し、地下にあったミュージアム「HYBE INSIGHT」は2023年1月に営業を終了しましたが、今後はさまざまな場所で HYBE INSIGHT の展示が続くようです。

K-POPのグローバル化

今では世界中で大人気のK-POPですが、最初は韓国だけで楽しまれていました。ここでは、K-POPが世界にあたえている影響について見ていきます。

K-POPの始まり

1960年代にK-POP初のアーティストが登場し、徐々に進化していき、1990年代には世界的にK-POPが広まっていきます。2000年代はアイドルブームが始まり、日本でもいろいろなメディアで韓国アイドルグループが取りあつかわれるようになりました。日本でヒットした曲やアイドルは老若男女問わず認知され有名になりました。そして、2010年代にはK-POPは爆発的に世界で人気が高まりました。現在は、SNSなどのコンテンツが増えたことにより今まで以上にK-POPは世界中で人気をほこり、世界に影響まであたえるようになったのです。

どれくらい人気？

国際レコード産業連盟（IFPI）というイギリスの国際的な音楽業界の団体によると、2023年に世界で最も売れたアルバムのランキング「Global Album Sales Chart 2023」で上位20枚のうち、19枚がK-POPのアルバムだったと発表がありました。

また、「Global Artist Chart 2023」では、上位10位のうち、SEVENTEEN（2位）、Stray Kids（3位）、TOMORROW X TOGETHER（7位）、New Jeans（8位）の4組がランキングに入りました。

● Global Artist Chart 2023 TOP10

1	Taylor Swift
2	SEVENTEEN
3	Stray Kids
4	Drake
5	The Weeknd
6	Morgan Wallen
7	TOMORROW X TOGETHER
8	New Jeans
9	Bad Bunny
10	Lana Del Rey

IFPIグローバルチャートより作成。

人気の理由

　K-POPが世界で人気の理由のひとつにコンテンツの利用のしやすさがあります。例えば、お金を払って音楽視聴コンテンツを利用するよりも、アーティストの公式YouTubeチャンネルなどを気軽に観ることができると、そちらを視聴する人が増えますよね。そうすると、気軽に利用できるコンテンツのほうが自然と動画の再生回数はのびます。そのようにして徐々に、韓国のアーティストたちは世界中の人々に存在を知ってもらうことができ、着実に世界中にファンを増やしていったのです。

　ほかの理由は、グループの構成メンバーが多国籍ということです。メンバーが多国籍というのは、韓国出身のメンバーだけでなく、日本やタイなど、いろいろな国の出身メンバーを集めてグループを結成しているということです。多国籍のメンバーで構成する理由は、日本出身のメンバーがいると日本の人がそのグループを注目し、タイ出身のメンバーがいるとタイの人がそのグループを注目する……ということにつながるのです。同じ国の出身者がいると、そのメンバーを応援したくなる心理に基づいているのですね。

　その国の出身だと、外国語でなく母国語でもことばが通じるので、より一層ファンとの距離が近くなるのです。

文学

韓国では、文学の発展に力を入れており、翻訳業も活発です。
日本語に翻訳された本もたくさんあります。

日本語で読める本！

韓国では、出版・文学支援の政策として、韓国書籍の翻訳事業に力を入れています。

韓国書籍（日本語翻訳版）が日本の本屋大賞翻訳小説部門を連続受賞するなど、多くの韓国作品が日本語に翻訳され、注目されています。

日本でも注目の高い韓国人作家ソン・ウォンピョンの初の児童書『威風堂々　キツネの尻尾』（永岡書店）が1〜4巻まで出版され注目されています。

ほかに『長い長い夜』（小学館）は、韓国で2021年に文学トンネ子ども文学賞大賞を受賞。韓国では「子どもに読んでほしい児童書No.1」として、児童書では異例の20万部を突破しました。

●『威風堂々　キツネの尻尾』

主人公は九尾の血を引く小学生。人とはちがう自分へのとまどい、人間関係など、たくさんのなやみに向き合う主人公の成長をえがくあやかしファンタジー。
著／ソン・ウォンピョン　訳／渡辺麻土香　出版社／永岡書店

●『長い長い夜』

地球で最後の一頭となったシロサイがペンギンの子に伝えたかったこととは？「どうして生きなければいけないの?」そんな疑問へのヒントが見つかる1冊。
作・絵／ルリ　訳／カン・バンファ　出版社／小学館

韓国では身近な詩

　詩は韓国の人たちにとって、とても身近な存在。お気に入りの詩人がいるのが当たり前、という文化があります。

　『愛しなさい、一度も傷ついたことがないかのように』（東洋経済新報社）は、2005年に刊行されて以来100万部以上を売り上げる詩集です。2022年には世界的グループのBTSのメンバーが「ARMY（BTSファンの呼び名）に贈りたい言葉」としてしょうかいするなど、国民的なロングセラーとなっています。

日本の文学が人気

　韓国でも日本の文学が人気です。2020年に韓国で発売された翻訳本のうち、日本の翻訳本の占める割合が43％で第1位となっています。

　特に、村上春樹や東野圭吾、江國香織などが多く読まれており、2023年に韓国版が出版された村上春樹の6年ぶりの長編小説『街とその不確かな壁』（Munhakdongne Publishing Corp.）は、発売時にベストセラー1位を獲得しています。

●『愛しなさい、
　　一度も傷ついたことがないかのように』

韓国では、芸能人がお気に入りの詩集をしょうかいすることが多い。推しのお気に入りの詩集を調べてみるのも楽しそう。
編／リュ・シファ　訳／オ・ヨンア　出版社／東洋経済新報社

●『街とその不確かな壁』

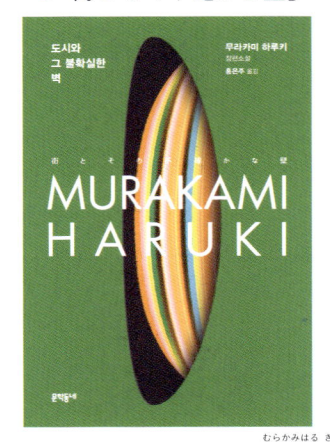

韓国では、日本の小説がとても人気。特に村上春樹は、BTSメンバーが曲作りにインスピレーションを受けたと公言するなど圧倒的な人気をほこる。
著／村上春樹　訳／ホン・ウンジュ
出版社／Munhakdongne Publishing Corp.

マンガ・ゲーム

私たちにとって、身近な存在のマンガやゲーム。
韓国の小学生にとっても同じで、たくさんの韓国発のマンガやゲームが日本でも愛されています。

世界で大ヒット！

韓国では、楽しく本を読みながら学べるマンガと学習を組み合わせた学習マンガがヒットする傾向にあります。それらは日本語にも翻訳され、日本でも大ヒットしているものもたくさんあります。

「科学漫画　サバイバル」シリーズ（朝日新聞出版）は、韓国や日本だけでなく、中国やタイなどでも読まれている科学マンガで、世界累計3,500万部を突破している学習マンガです。

「つかめ！　理科ダマン」シリーズ（マガジンハウス）は、生物や自然、宇宙などの科学の疑問を学べる学習マンガ。日韓で累計250万部を突破するベストセラーとなっています。

● 「科学漫画　サバイバル」シリーズ

写真提供／朝日新聞出版

異常気象や宇宙、AIなど、科学に関するテーマが勢ぞろい。手に汗にぎる展開にハラハラワクワクしながら学べるシリーズ。

● 「つかめ！　理科ダマン」シリーズ

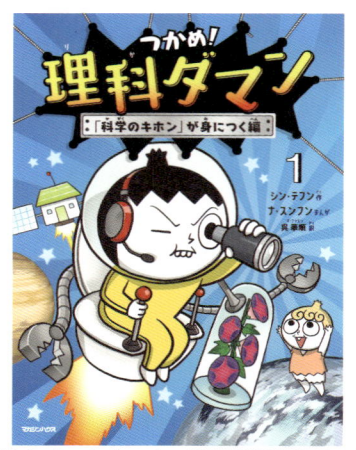

©Shin Tae-hoon,Na Seung-hoon/MAGAZINE HOUSE CO.,Ltd.

科学の天才シンとその家族や友達がくり広げるおもしろストーリーで、ゲラゲラ笑いながら科学を学べるシリーズ。

韓国発　webtoon

webtoonとは韓国発のスマートフォンで縦にスクロールしながら読むフルカラーのマンガのことをいいます。日本だけでなく、世界中で楽しまれていて、大きく成長中のコンテンツです。『梨泰院クラス』や『女神降臨』などはwebtoonが原作の作品です。

日本では、LINEマンガ、コミックシーモアなどで読むことができます。中には無料で読める作品もあるようなので、チェックしてみてください。

©yaongyi/LINE Digital Frontier
容姿を理由に深く傷つけられた主人公がメイクについて教えてもらい、「女神」へ大変身するストーリー。日本ではLINEマンガで読むことができる。(yaongyi/作)

これも韓国発？

韓国では、ゲームを楽しむ人が多く、さまざまなものが開発されています。

日本や世界で楽しまれているゲームもあり、「これも韓国で作られたものだったのか！」とおどろく人もいるかもしれません。

「サマナーズウォー」シリーズは、韓国大手のゲーム開発会社Com2uSが作るゲームです。召喚士となってさまざまなモンスターを育てながら、最強召喚士を目指すRPGです。召喚獣を組み合わせる戦略性やデッキ編成のおもしろみが大きな魅力となっています。

ほかには、NEXON Koreaが作るゲームで有名なのが「メイプルストーリー」です。自分だけのオリジナルキャラクターを育て、変化するマップが楽しいゲームです。キャラクターが選べる職業は40種類以上で、マップは森や砂漠、海原、魔法都市、おもちゃの国、時をつかさどる神殿などのほか、日本をモデルにした「ジパング」まで盛りだくさんとなっています。

話題の韓国ドラマ・映画

日本でも人気の韓国ドラマ・映画。
ハイクオリティで固定観念にとらわれない型破りな設定などが人気の理由です。

愛の不時着

2019年に放送されたドラマ『愛の不時着』。韓国財閥の令嬢であるユン・セリが、パラグライダーの飛行中、事故に巻きこまれて北朝鮮に不時着してしまいます。そこで出会ったのは、北朝鮮の軍人リ・ジョンヒョク。本来出会うはずのない2人が恋に落ちますが、そこには多くの障害が待ち受けている……。

結ばれることが許されない2人のラブストーリーはどうなるのか……！

出演者	ヒョンビン、ソン・イェジン、ソ・ジへほか
話　数	1話72分〜113分　全16話

Netflixで視聴可能

イカゲーム

2021年に放送されたドラマ『イカゲーム』。借金取りから追われているソン・ギフンは、突然大金を獲得できるというゲームに招待される。しかし、参加したゲームは、命がけのものだった……。最後まで生き残れば大金を獲得できるデスゲームで、ソン・ギフンの命運はいかに！？

ホラー要素の強いドラマですがハラハラドキドキする展開は目を離せません。

出演者	イ・ジョンジェ、パク・ヘス、ウィ・ハジュンほか
話　数	1話32分〜63分　全9話

Netflixで視聴可能

韓国はホラー作品が多い！？　ジャパニーズホラーとして日本のホラー映画が人気でしたが、最近は韓国のホラー作品が大変人気です。韓国ホラーは「恨」という人々の恨みや怒りがルーツとされ、人間のおそろしさをえがいた作品が多くあります。

7番房の奇跡

　韓国で2013年に公開された映画『7番房の奇跡』。知的障がいがあるイ・ヨングは、愛する6歳の娘イェスンと懸命に暮らしていた。しかし、ある日無実の罪で逮捕され死刑判決を受ける。十数年後、弁護士となったイェスンは、父の無実を証明するために奔走する。

　父娘の愛、周囲の人々の優しさが感動を生むヒューマンストーリー。涙なしでは見られない作品です。

出演者	リュ・スンリョン、パク・シネ、カル・ソウォンほか
話　数	127分

Netflix、Hulu などで視聴可能

パラサイト 半地下の家族

　韓国で2019年に公開された映画『パラサイト 半地下の家族』。とある4人家族は、半地下の貧相なアパートに暮らし、内職で食いつなぐ生活を送っていた。そんなある日、長男ギウは友人から家庭教師の代理をたのまれる。不安ながらも教え子のもとに向かうと、そこは大豪邸だった。家族はさまざまな作戦を立てて、裕福な家族に取り入ることに。最後は予想外の結末が……!？

カンヌ国際映画祭で韓国初のパルムドールを受賞した。

出演者	ソン・ガンホ、チャン・ヘジンほか
話　数	132分

Netflix、Hulu などで視聴可能

ドラマの聖地巡礼

日本でも人気の韓国ドラマ。撮影地である聖地は、一度は訪れたい場所ですね。
聖地巡礼スポットはたくさんありますが、ここでは観光を楽しめる場所をしょうかいします。

ソウル市立美術館

自身の正体をかくして暮らす宇宙人ト・ミンジュンと、韓国のトップ俳優チョン・ソンイの恋愛模様をえがいたドラマ『星から来たあなた』。このドラマの中で、ミンジュンが携帯電話を購入するシーンがあるのですが、その場面が撮影されたのがソウル市立美術館の入口です。

美術館自体も、多くの展示があり、カフェやミュージアムショップなどもあります。カフェなどで休憩をしながら、観光スポットとしても楽しめます。

ⓒ韓国観光公社フォトギャラリー

ソウル市立美術館の外観はレンガ造りの西洋風の建物。敷地面積は4,000坪もある。

世界グルメ文化通り

つらい過去を持つパク・セロイが、復讐のため奔走する物語『梨泰院クラス』。人生をかけた復讐劇でとても人気を集めました。

セロイが初めて梨泰院を訪れ、初恋の相手スアに出会うシーンが撮影されたのが世界グルメ文化通り。この通りには、世界各国のレストランが並んでいます。

ⓒ韓国観光公社フォトギャラリー

ⓒ韓国観光公社フォトギャラリー

梨泰院の通りにはさまざまな店が並んでいる。色とりどりの通りは見ているだけでも楽しい。

bb.qチキン

パラグライダーの事故で北朝鮮に不時着した財閥の令嬢ユン・セリと北朝鮮の軍人リ・ジョンヒョクの恋愛模様をえがいた『愛の不時着』。

ドラマの中で撮影された店は、地下鉄2号線梨大駅から徒歩5分のところにある直営店で、作中で登場人物たちがおいしそうに食べていました。

ほかには、ドラマの中で高麗時代の英雄だったキム・シンが命を落とし、その後、神の力によって"不滅の命"を生きることになる物語『トッケビ　〜君がくれた愛しい日々〜』でもbb.qチキン鍾路本店が登場しました。

龍仁大長今パーク

ここは、MBC放送局の時代劇専門の撮影セットで、専門家の意見をもとに考えて建てられた建築物がたくさんあります。今までに『宮廷女官チャングムの誓い』『太陽を抱く月』『オクニョ　運命の女』などの多くの名作が撮影されてきました。

ほかにもBTSのSUGAさんがMVを撮影したことでも話題になりました。知らない作品がある人はぜひチェックしてみてくださいね！

©韓国観光公社フォトギャラリー

©韓国観光公社フォトギャラリー

©韓国観光公社フォトギャラリー

ここに行けば、タイムスリップしたかのような気分になれるはず！

韓国のSNS事情

韓国でのSNS利用率はなんと90％以上！　日本より活発にSNSが使われています。
日本とは少し傾向がちがうようですが、韓国の人はどのようにSNSを利用しているのでしょうか？

よく使われているSNS

カカオトーク

写真提供
／カカオ(kakao)

韓国人の利用率が最も高いのが「カカオトーク」。主にメッセージツールとして利用されており、日本での「LINE」に当たります。SNSは簡単に多くの人とコミュニケーションを取ることができる、非常に便利なツールです。しかし、各SNSには利用規約というものがあり、年齢の制限や、決められた年齢に達していない場合は保護者の管理のもと、使用するなどの約束事があります。SNSを利用する際には、しっかりと利用規約を確認してから利用してください。

Facebook

韓国では利用している人がたくさんいます。フェイスブックメッセンジャーは、メッセージツールとしても利用されているようです。

Instagram

日本でも人気のアプリですが、韓国のほうが利用率が高いです。著名人が発信する情報のキャッチアップは主にインスタグラムで行っています。

TikTok

日本と同様、TikTokは韓国でも若者に人気のアプリ！　アイドル文化が盛んな韓国では、K-POPのダンスチャレンジコラボも人気です。

SNS利用率

日本でもよく使われているSNSツールは、韓国でもなくてはならない存在です。コミュニケーションツールとしてはもちろん、情報のキャッチアップのツールとしても利用されています。

世界の統計レポートを提供しているData Reportalの2024年1月の調査によると韓国では、人口の93.4％がSNSを利用しているそうです。韓国ではSNSの利用が当たり前なのですね。

アイドルやインフルエンサー、俳優などが発信する情報への関心が高いことから、多くの人がSNSを利用しているそうです。

「ハンボノ」って？

今「ハンボノ」という、日本語と韓国語をミックスしたことばが人気です。もともと、日本語と韓国語は構成が似ていて、発音がそっくりなことばもたくさんあります。また、K-POPアイドルたちががんばって日本語と韓国語をミックスさせながら話している姿から流行したといわれています。

例えば、「かわいい」や「ツンデレ」は韓国でもよく使われています。そのほかにも日本語の「大好き」と、韓国語の「です」を意味する「ハムニダ」を組み合わせて「大好きハムニダ」と言ったり、日本語の「ちょっと待ってください」と韓国語の「キダリョ（待っての意味）」を組み合わせて「ちょっとキダリョください」と言ったりと、さまざまなハンボノが使われています。

いきなり韓国語を勉強するのは難しいですが、ハンボノを知ってみると勉強するきっかけになりますね。

盛らないプリクラ

日本で1990年代に登場して以降、現在まで進化し続けているプリクラ。
韓国でもプリクラが今、注目されています。

盛らないプリクラとは？

1990年代に日本で生まれたプリクラ。現在韓国でもプリクラが注目されています。現在の日本のプリクラといえば、目が大きく、顔は小さくなり、脚も長くなる…いわゆる大きく加工される「盛るプリクラ」が主流です。

しかし、韓国では「盛らないプリクラ」が流行しています。さらに、盛らないプリクラは日本へも逆輸入され、トレンドになっています。

韓国プリクラでは、加工がひかえめで、最小限のフィルターだけ。また、落書き機能もありません。自然体で撮るのが特徴です。

4コマ写真！

韓国プリクラは4コママンガのように4枚が縦に連なる形が主流です。ストーリー性を持たせられ、写真は動きのある仕上がりになります。

写真提供／株式会社 Photoism Japan

人気のポーズ

韓国プリクラでは加工も落書きもないので、いかにかわいく撮影するかが大切！　プリクラではSNSで流行しているポーズで撮るのが主流です。人気のポーズは指ハートや2人で同じポーズを取る双子ショットなど。自分でトレンドをキャッチしてオリジナリティのあるポーズを取るのも楽しいですよ。

小物レンタル

　韓国プリクラが撮れる店舗では、プリクラをかわいくいろどるカチューシャやサングラスをレンタルできるところがあります。

　加工や落書きがない分、そういった小物でかわいさをアップ。ものを持ち歩くのは荷物になるし、少しめんどう……。そういう思いをしなくていいので利用者に親切ですね。いろいろなアイテムを試してテイストのちがうプリクラを楽しく撮影できます。

ひとりで撮ることも

　韓国の人は友達や恋人とプリクラを撮ることもありますが、ひとりで撮ることも多いそうです。韓国に行ったら、ぜひひとりで撮影してみてはいかがでしょうか?

専用ホルダー

　撮影したプリクラは画像データとして共有するだけでなく、プリクラ専用のホルダーに入れてキーホルダーとして持ち歩くこともできます。

　韓国雑貨ブランドをあつかうショッ

プに専用ホルダーが販売されているのでプリクラを撮影したらぜひいっしょに購入してみてくださいね!

최고!

최고
(最高)

Koreagram

♥ KOREA_LOVE

写真提供／株式会社 Photoism Japan

#プリクラ
#프리쿠라

韓国でできる推し活！

韓国にいるときにしかできない推し活もたくさんあります。
あこがれの推しにまつわる店や催しをしょうかいします。

センイルカフェ

センイルカフェは、韓国語で「誕生日」を意味する생일にちなんだ、ファンが主催する推しのための誕生日イベントです。直訳すると「誕生日カフェ」となります。推しの誕生日前後に一定期間カフェをレンタルし、ファン同士で誕生日を祝います。

イベントでは、ドリンクやおかしなどが販売され、主催者が制作したグッズやライブで撮影されたオリジナル写真を購入できる場合も。「推しへの愛をみんなで共有しよう」という思いから始まったセンイルカフェは、今や韓国のファン文化の一部となっています。当初はK-POPアイドル中心に行われていましたが、近年では俳優やアニメキャラクターのファンにも広がりを見せています。ちなみに、センイルカフェの開催はSNSで告知されることが主流です。

COLUMN
そもそも推し活とは

推し活は「推しを応援する活動」を縮めたことばです。似たことばとして「オタ活（オタク活動）」も思いつきますが、どちらも自分の大好きなものに対して懸命に活動する意味があります。その方法と応援したいジャンルは人それぞれでことなりますが、毎日の心の励みになっていることはだれにも否定できないでしょう。

グッズショップ

　韓国でできる推し活のひとつに、グッズショップに出かけてみることもおすすめします。特にソウル市内には、推し活グッズの店が目白おし。中でもCDショップ「Music Korea」では、多くのアイドルのアルバムやミニアルバムがそろいます。日本語が話せるスタッフも多く、安心して買い物をすることができます。また、ネットで商品を注文することができ、現地へ行くことができなくても推し活をすることができます。

　次に大型書店「永豊文庫」をチェックしてみましょう。永豊文庫は韓国の大型書店チェーン店です。約250万冊の本を取りそろえ、韓国語だけでなく、日本語や中国語、英語などの外国語書籍の取りあつかいもあります。推しが表紙のファッション雑誌や限定本を買いたいときなどにおすすめです。

Music Korea 2号店。韓国を訪れた際には、ぜひ店内へ入ってみよう。

写真提供/Music Korea

Music Korea　2号店
住所：ソウル特別市中区退渓路134,1階 Music Korea
行き方：明洞駅1番または2番出口から1分
（明洞駅スターバックスとダイソーの建物の間にあります）
営業時間：10:00〜20:00
休み：年中無休

欠かせないグッズ

ますます盛り上がりを見せるK-POP。
そんな推し活に欠かせないのが、ユニークなグッズたちです。

ワッペンアート

ワッペンアートとは、小物入れやバッグなどの雑貨に、好きなワッペンを自由にカスタマイズしてはり付けることをいい、K-POPアイドルファンを筆頭に、日本国内のアイドルやスポーツファンまで幅広い層がワッペンアートを楽しんでいます。

例えば、推しアイドルのイメージカラーに合わせた写真ケースに、推しの名前が入ったワッペンや好きな食べ物を付けます。世界でたったひとつの"推し活グッズ"を自分好みにカスタマイズできるのが大きな魅力です。

もともとは韓国で誕生しましたが、近年は日本でもワッペンアート専門の店がオープンし、注目を集めています。一度、ワッペン作りを体験してみてはいかがでしょうか。

アクリルスタンド

推し活グッズの中でも定番のアクリルスタンドは、推しの尊い姿やキャラクターを留めておけるアイテムです。アクリルスタンドは、基本のクリアカラーを始め、ラメ感のあるものやグラデーションのあるオーロラタイプのものなどがあります。台座をムービングスタンドに入れかえると、ゆらゆらゆれてとてもかわいいです。

缶バッジ

手軽な缶バッジは、推し活グッズの中でも人気のアイテムです。ベーシックな丸型や星型、ハート型などさまざまなタイプがあります。バッグに付けてコンサート会場などに行くと、同じ推し仲間と出会えることもありますよ。バッグを自分のコレクションでかざってみるのもいいですね。

推し活ケース

推し活ケース（トレカケース）は、ファンにとって大切な「推し写真」を保護するための専用ケースです。好きなケースを選べば、いつでも持ち歩けるおしゃれなアクセサリーに変身！　通勤・通学時にバッグにしのばせたり、イベント時に持ちこんだり、日常生活の中に推しがいる生活を楽しめます。その日の気分に合わせて写真を入れ替えられるのも魅力です。

特にキーホルダータイプの推し活ケースをカバンやポーチに付ければ、より手軽に推しといっしょにいられる感覚を味わえますよ。

写真提供／株式会社Oshicoco

「ツイードトレカ＆チェキケース」
あなたの推しのイメージカラーは何色？　これでいつも推しといっしょにいられる！

ペンサうちわ

推しのコンサートやイベントに参加したら「ペンサうちわ」を使うのもおすすめです。韓国現地ではうちわではなく、ボードを使うことのほうが多いですが、「ペンサ」には、アイドルがファンに対して行うファンサービスの意味があります。韓国語で「ファン」のことを「ペン」といい、それに「サイン会」を意味する「サインフェ」を合わせて、「ペンサ」といいます。うちわに書くことばは、読みやすく、わかりやすいことばがおすすめです。例えば、「윙크 날려줘（ウィンクして）」や「웃어줘（笑って）」などにするとよいでしょう。

写真提供／株式会社Oshicoco

「ファンサがもらえる♡うちわ文字シールハングル」
「같이 하트 해줘」と書いていて、意味は「いっしょにハートして」。推しに思いを伝えよう！

知りたい！ 推し活用語

K-POPファンが使う推し活用語。知っているのと知らないのとでは、「推し活の深さ」がちがってきます。
まずは基本用語を覚えて推し活をさらに楽しみましょう！

推し活の基本用語

ジャンルを問わない基本的なアイドルファン必見の基本用語をしょうかいします。

用語	ハングル	読み方
ファン	팬	ペン
オタク	덕후	ドクフ
推し	최애	チェエ
アイドル	아이돌	アイドル
歌手	가수	カス
芸能人	연예인	ヨネイン
グループ	그룹	グルブ
メンバー	멤버	メンボ
デビュー	데뷔	テブィ
日本デビュー	일본데뷔	イルボン デブィ
カムバック	컴백	コムベック

ことばの説明 カムバック…韓国ではアイドルが新曲や新アルバムを発表することをいいます。

リードボーカル：리드 보컬
略語は리보

ビジュアル担当：비주얼 담당
略語は비담

リーダー：팀장

メインボーカル：메인 보컬
略語は메보

メインダンサー：춤을 잘 추는멤버
略語は춤멤

K-POP関連の基本用語

　K-POPの歌詞や関連ニュースによく出てくる単語と知っておきたい用語を確認しよう。

用語	ハングル	読み方
幸せ	행복	ヘンボク
愛	사랑	サラン
約束	약속	ヤクソッ
結婚	결혼	キョロン
活動休止	휴식기	ヒュシッキ

推しと会話する！

推しとお話しできる機会が！　せっかくなら韓国語で気持ちを伝えたいですよね。
簡単なフレーズを覚えて直接気持ちを伝えてみましょう。

推しにあいさつをしたい

まずは、基本のあいさつからマスターしましょう。

フレーズ	ハングル	読み方
はじめまして	처음 뵙겠습니다	チョウム ペッケッスムニダ
会えてうれしいです	반가워요	パンガウォヨ
私の名前は〇〇といいます	제 이름은 〇〇 예요	チェ イルムン 〇〇 イェヨ
日本から来ました	일본에서 왔어요	イルボネソ ワッソヨ

推しに感謝を伝えたい

　いつも元気をあたえてくれている推しにぜひ直接感謝を伝えましょう。なお、「ありがとう」の「고마워요」は、カジュアルに感謝を伝えることばです。「ありがとうございます」と丁寧に感謝を伝えたい場合は、「감사합니다」を使いましょう。

フレーズ	ハングル	読み方
ありがとう	고마워요	コマウォヨ
生まれてきてくれてありがとう	태어나줘서 정말 고마워요	テオナジュォソ チョンマル コマウォヨ
日本に来てくれて	일본에 와줘서	イルボネワジュオソ

推しに質問したい

　推しのことをもっと知ろう！　基本の質問を覚えたら、単語を変えるだけでいろいろな質問ができます。

フレーズ	ハングル	読み方
好きな〇〇は何ですか？	좋아하는 〇〇 뭐예요？	チョアハヌン 〇〇 ムォエヨ？
好きな日本語は何ですか？	좋아하는 일본말 뭐예요？	チョアハヌン イルボンマル ムォエヨ？
好きな季節は何ですか？	좋아하는 계절 뭐예요？	チョアハヌン ケジョル ムォエヨ？
〇〇は何ですか？	〇〇 뭐예요？	〇〇 ムォエヨ？
しゅみは何ですか？	취미 뭐예요？	チュイミ ムォエヨ？
目標は何ですか？	목표 뭐예요？	モクピョ ムォエヨ？

チュル ゴ ウォ
즐가워？
（楽しんでる？）

ノ レ ヘ
노래해！
（歌って！）

ク ゲ
크게！
（もっと大きな声で！）

ポ ゴ シッポッ ソ ヨ
보고 싶었어요！
（会いたかった！）

ト マン ナ ヨ
또 만나요！
（また会おうね！）

韓国の音楽番組

韓国は日本と比べて、テレビでたくさんの音楽番組を放送しています。
ほとんどの番組は、観客を入れての公開録画や生放送をしています。

ほぼ毎日ある音楽番組

韓国国内では、ほぼ毎日音楽番組が放送されています。曜日別の音楽番組をしょうかいします。

月曜日	なし
火曜日	THE SHOW（SBS）
水曜日	SHOW CHAMPION（MBC）
木曜日	M COUNTDOWN（Mnet）
金曜日	MUSIC BANK（KBS）
土曜日	SHOW 音楽の中心（MBC）
日曜日	人気歌謡（SBS）

2024年9月現在

＜THE SHOW＞

韓国の放送局SBSで毎週火曜日18時から放送されている音楽番組です。多くの若手アイドルグループが出演し、視聴者参加型のファン投票が行われます。日本からは公式のYouTubeで視聴可能です。

＜SHOW CHAMPION＞

韓国の放送局MBCで毎週水曜日18時から放送されている視聴者参加型の番組です。事前投票ができ、熱心なファンが多いときは、そのグループが1位になることも。

COLUMN

テレビ番組の見学はハードルが高い？

外国人が韓国のテレビ番組に参加するハードルは高めです。応募するために韓国の電話番号や住所が必要で年齢制限があるところも。

＜M COUNTDOWN＞

「M COUNTDOWN」はMnetで毎週木曜日18時に放送されている公開音楽番組。採点基準にApple Music、Spotify などのストリーミング数もふくまれるのが大きな特徴です。通称は「エムカ」。

「M COUNTDOWN」番組内の様子。

＜MUSIC BANK＞

「MUSIC BANK」は、韓国の放送局KBSで毎週金曜日に放送されている公開音楽番組。KBSワールドを通じて、世界中へ生配信されています。音楽配信数やCDの販売枚数などを評価し10組の出演者を選出。生放送中に視聴者が投票しリアルタイムで1位が決まる仕組みです。略称は「ミューベン」。

＜SHOW 音楽の中心＞

「SHOW 音楽の中心」は、韓国の放送局MBCで毎週土曜日15時15分から放送されている音楽番組。採点には音源成績（ストリーミングサイトの順位とリスナーの数）が重視されます。日本からは公式の無料アプリでリアルタイム視聴が可能です。

＜人気歌謡＞

韓国の放送局SBSで毎週日曜日に放送される生放送番組。人気アーティストが音楽を披露し、毎週1位が選出されます。

レトロ映えスポット

日本の奈良や京都のように、歴史的なエリアがたくさんあります。伝統的な景色や建物は、写真におさめると映えますよね。歴史的背景を感じながら、ゆっくり散策してみませんか？

北村韓屋村

北村韓屋村は、韓国の伝統家屋「韓屋」が並ぶエリアです。明洞駅から電車で10分ほどで行くことができ、ソウル市内からならタクシーで行ってもそれほど時間はかかりません。

韓国の伝統衣装チマ・チョゴリを着て写真を撮るのが人気で、近隣にはチマ・チョゴリのレンタルショップもあります。韓屋村は見学時間が平日10時〜17時、休みは日曜日です。今でも人々が暮らしている場所なので、深夜に行ったり大さわぎしたりするのは厳禁です。

©韓国観光公社フォトギャラリー

韓服のレンタルショップで衣装を借りることができる。みんなで写真を撮ろう。

全州韓屋村

全州韓屋村にも韓国の伝統家屋「韓屋」が並んでいます。その数はおよそ700軒だそうで、全州韓屋村にはなんと築1000年をこえる韓屋もあります。その中には、リフォームしておしゃれなカフェやレストランになっている店舗もあり、過去と現在が融合した美しい場所といえます。韓国ドラマや映画のロケ地としても数多く使われているので、ロケ地巡りとしても楽しめます。

全州は韓国の歴史がつまった街なので、歴史的背景を学んでから歩くのがおすすめです。

©韓国観光公社フォトギャラリー

全州韓屋村。瓦屋根の並びに伝統を感じる。この景観はまるで朝鮮王朝時代にタイムスリップしたかのよう。

草梁イバグキル

釜山駅から少し歩いたところにある草梁イバグキル。イバグキルとは「物語の道」を意味します。この街は朝鮮戦争の時代、北朝鮮からにげてきた避難民が作った集落です。急勾配な山肌にたくさんの家屋が並び、歴史を感じる町並みになっています。

人気のスポットは168段の階段。長い長い階段を登ると、街を一望できるフォトスポットになっています。階段のわきにはモノレールもあるので階段を登るのが難しい人も安心。

ⓒ韓国観光公社
フォトギャラリー

ⓒ韓国観光公社フォトギャラリー
168段登りきると釜山港を一望できるスポットがある。モノレールは無料で乗ることができる。

三清洞

三清洞は、ソウル北部にある景福宮の東側一帯のエリアで、朝鮮時代からの歴史深い場所です。このエリアには韓屋をリフォームしたレストランやカフェなどが並んでいます。現代アートのギャラリーも多く、韓国の歴史と現代の雰囲気が楽しめます。

秋にはメインストリートの木々が紅葉した風景を目当てに、観光客でにぎわいます。

ⓒ韓国観光公社フォトギャラリー
三清洞の風景。韓屋とおしゃれな看板がよく映えそう。

おすすめ撮影スポット

韓国の人は映える写真が大好き！そのため、街のいたるところに映えスポットがあります。
せっかく韓国に行くなら映える写真を撮りたいですよね。

©韓国観光公社フォトギャラリー

ピョルマダン図書館

ソウル市にある江南エリアの大型ショッピングモール、スターフィールド・コエックス・モール内にあるピョルマダン図書館。館内には天井まである壁一面の本棚が、フォトジェニックであるとSNSで話題になりました。入場は無料で、本を閲覧することもできるおすすめスポットです。

クリスマスシーズンになると、大きなクリスマスツリーがライトアップされて展示されるなど圧巻です！

まるでファンタジー映画の世界に入りこんだような光景をぜひ楽しんでみてくださいね。

©韓国観光公社フォトギャラリー

目がくらみそうになるほど高い本棚。上の本はどうやって取るのだろう……。

©韓国観光公社フォトギャラリー

駅直結で行き来がしやすい。アパレルやコスメのショップや映画館なども入っている大型モール。

海雲台ブルーラインパーク

　釜山の海岸沿いにある人気の観光スポット！　2020年にオープンし、海岸沿いを「海辺列車」と「スカイカプセル」が運行します。海が広がる景色を見ながらゆったりとした時間を過ごすことができます。

　海辺列車はかつて走行していた旧鉄道施設を利用したレトロな見た目の観光列車です。また、スカイカプセルは、海辺列車の上を通るかわいらしい見た目の小型モノレールで、一度に1〜4名で利用することができます。

Ⓒ韓国観光公社フォトギャラリー

スカイカプセルが走る姿は海の上を走っているかのよう。

Ⓒ韓国観光公社フォトギャラリー

海辺列車が停留している。スカイカプセルとの大きさのちがいがわかる。

Ⓒ韓国観光公社フォトギャラリー

かわいらしい色合いで、海を背景にしたらとてもいい写真が撮れそう。

テーマパークを満喫

韓国にはテーマパークやウォーターパークなどのレジャー施設がたくさん！
日本では味わえないワクワクを楽しめるので、韓国に行った際にはぜひ行ってみてください。

エバーランド

エバーランドはおとぎ話の国に入ったようなテーマパークで韓国のどの世代にもとても人気です。

パーク内はテーマごとに5つのエリアに分かれていて、ジェットコースターや、動物園、パレードなど楽しみがいっぱい。また、園内を全部回るには丸一日かかるのでエバーランドのために余裕あるスケジュールを立てることをおすすめします。

カリビアンベイ

エバーランドに隣接しているウォーターパーク、カリビアンベイ。大規模なプール施設で、ウォータースライダーやウォーターアトラクションが充実しています。エバーランドに行く際には、ぜひ、カリビアンベイにも行ってみてください。

エコランドテーマパーク

エコランドテーマパークは済州島の東部にあるテーマパークです。「韓国のハワイ」といわれるリゾート地、済州島は美しい山や海などの自然が豊かなスポットです。エコランドテーマパークでは、島の中心の漢拏山のふもとにあるコッチャワルという森を専用の汽車で巡ることができます。

ⓒ韓国観光公社フォトギャラリー

森の中を走る汽車に乗って、済州島の自然を感じよう！

ロッテワールド

　ロッテワールドはソウルにあるレジャー施設。施設内には、屋内・屋外のテーマパークや、水族館、湖などさまざまな遊び場があります。アトラクションはなんと40種類！　ソウル市内からも近いので、観光でも行きやすいのがうれしいポイント。

©韓国観光公社フォトギャラリー
ロッテワールドのシンボルとなっているお城とその周りの景色。エリアごとにちがう雰囲気を楽しみたい。

©韓国観光公社フォトギャラリー
ジャイロスウィングというアトラクション。振り子のようにスイングするタイプの絶叫マシンで、さらに円板状の台座が回転する。

慶州ワールド

　韓国南部最大のテーマパーク、慶州ワールド。エバーランドやロッテワールドとはちがい、絶叫系のアトラクションが豊富な施設です。「スリルを味わいたい！」という人にはおすすめのテーマパークです。

©韓国観光公社フォトギャラリー
ドラケンというスリル満点のジェットコースター。このアトラクションを体験するために訪れる人もいるらしい。

©韓国観光公社フォトギャラリー
慶州ワールド内の様子。多くのエリアがあり、楽しみ方も豊富！さまざまな世界観を楽しむことができるのは楽しい。

韓国のアート巡り

韓国はアートが盛んな国。美術館や博物館がたくさんあるだけでなく、
街には小さなギャラリーやアートスペースがあふれています。

サムスン美術館

　サムスン美術館Leeumは、韓国の大手企業サムスングループが運営する美術館。敷地面積1,200坪、延べ面積は4,500坪ととても広大な敷地には、歴史のある国宝・宝物から現代アートまで15,000点が展示されています。

　伝統美術と近現代美術を一度に見ることができるのが特徴で、国立の美術館にも負けずおとらずの最高水準の美術館です。写真映えするスポットも多く、「アートにうとい……」という人もきっと楽しむことができますよ。

写真提供／サムスン美術館 Leeum

ガラス張りであるため、夕日も映える。

サムスン美術館 Leeum
住　　所：ソウル特別市龍山区梨泰院路55ギル60-16
行き方：地下鉄6号線漢江鎮駅1番出口 徒歩6分
営業時間：10:00〜18:00
休　　み：月曜日、1月1日、ソルラル・チュソク

写真提供／サムスン美術館 Leeum

サムスン美術館 Leeum の外観。近代的なオブジェが目を引く。お気に入りの撮影スポットを見つけるのも楽しそう。

写真提供／サムスン美術館 Leeum

古美術品展示室の様子。青磁が展示されている。

国立現代美術館 ソウル館

国立現代美術館 ソウル館は、韓国芸術の中心として、韓国文化や韓国芸術を国内外に発信すること、国のブランドイメージを向上させることを目的とした、韓国を代表する美術館です。館内には韓国ならではの現代アートがジャンルを問わず多く展示されていて、メディアラボや映画館など見どころがたくさんあります。

国立現代美術館 ソウル館
住所：ソウル特別市鐘路区昭格洞165
行き方：地下鉄3号線安国駅1番出口徒歩8分
営業時間：月、火、木、金、日曜日 10:00〜18:00
　　　　　／水、土曜日 10:00〜21:00
休み：1月1日、ソルラル・チュソク

MMCA Seoul ©Park Jung Hoon.jpg

国立現代美術館の外観。

MMCA Seoul ©Park Jung Hoon.jpg

国立現代美術館の整備された広い芝生がきれい。

COLUMN

ソウルには
アートがたくさん！

ソウル市内には小さなギャラリーや工房、アートスペースがたくさんあります。特にサブカルの街といわれる弘大の駅周辺にはたくさんのアートが展示されています。大通り、裏路地にはショップなども建ち並んでいて歩くのが楽しいです。

Koreagram

♥ KOREA_LOVE

#弘大
#홍대

お買い物スポット

韓国は買い物ができるスポットがたくさん！　エリアごとに店の雰囲気もことなるので、
事前に調べて行きたいところをピックアップしておきましょう。

明洞（ミョンドン）

韓国で定番のお買い物スポットといえば、明洞（ミョンドン）！　韓国内でも有数のショッピングエリアで、デパートやショッピングモール、路面店がたくさん並んでいます。

中でもコスメショップの数は随一（ずいいち）で、1,000件（けん）以上が建（た）ち並（なら）びます。また、明洞聖堂（ミョンドンせいどう）、明洞（ミョンドン）ナンタ劇場（げきじょう）など有名な観光スポットもあるので、買い物も観光も楽しむことができます。

ⓒ韓国観光公社フォトギャラリー

東大門市場（トンデムンいちば）

東大門市場（トンデムンいちば）は、卸売店（おろしうり）や小売店が数多（なら）く並ぶショッピングエリアです。東大門市場（トンデムンいちば）では、韓国の伝統工芸品（でんとうこうげいひん）や洋服、靴（くつ）、雑貨（ざっか）などさまざまなものを見ることができます。

また、東大門市場（トンデムンいちば）の中には「モクチャコルモク」と呼ばれる飲食店街があります。そこには、韓国の屋台料理店が並（なら）んでおり、食べ歩きが楽しめる人気のスポットです。

ⓒ韓国観光公社フォトギャラリー

ⓒ韓国観光公社フォトギャラリー

梨泰院

梨泰院は、輸入ファッションブランド店や骨董品をあつかう店が並ぶショッピング街です。韓国の若者にも人気なスポットで、ドラマ『梨泰院クラス』でも注目されました。

街並みは国際色があり、イタリアや中国、タイなどさまざまな国の飲食店が並んでいるので、グルメも楽しめるエリアです。バーやクラブなども点在しているので、歩くときは必ず大人の人といっしょに歩きましょう。

©韓国観光公社フォトギャラリー

©韓国観光公社フォトギャラリー

仁寺洞通り

仁寺洞は韓国の伝統工芸品や衣料品、骨董品、書籍などの専門店が建ち並ぶショッピング通り。開発が進みつつも伝統的な雰囲気が残っています。韓国の伝統家屋である韓屋をリノベーションしたおしゃれなカフェなどもあり、韓国の学生なども集まる人気のスポットです。韓国の工芸品などを購入したいときには仁寺洞がおすすめ！

©韓国観光公社フォトギャラリー

©韓国観光公社フォトギャラリー

COLUMN

韓国・ソウルの移動手段

ソウル市内は、地下鉄やバスが多く通っていて移動手段には困りません。ここでしょうかいしたショッピングスポットも、駅から近いので利用しやすく便利！　また、タクシーも日本に比べて安いので近場の移動の際には利用するのもよいでしょう。

"韓国っぽ"アイテム

韓国には文具やインテリア、スマートフォングッズなど
かわいい"韓国っぽ"グッズがたくさんあります。

韓国文具

韓国風の文具は、ゆるっとしたキャラクターが付いているのが特徴。キャラクターに癒されながら使うことができるのがいいですね。

◀PINKFOOT
／6色蛍光ペン

▼PINKFOOT
／レインボー
ボールペン

▲イルジョンクリエイティブ
／無気力スライド 消しゴム

▶イルジョンクリエイティブ
／にゃんこ回る中性ペン

写真提供／NAO HOLDINGS合同会社

韓国インテリア

韓国インテリアは、白やアイボリーのアイテムにあわいウッド素材などをそえてナチュラルにまとめるのが特徴。シンプルで洗練された雰囲気になります。キャンドルやミラーなどをかざるのがポイント。造花をそえるとよりおしゃれになります。

インスタグラムでは「#韓国っぽ」といっしょに「#ナチュラル」「#フォトジェニック」などのタグがついています。おしゃれにまとめられたインテリアはとってもかわいいですね。

写真提供／Somibeya

somibeya の「ウェーブミラー(現在は販売終了)」

132

スマホグリップ

　スマートフォンのうら側につけるスマホグリップ。着用することで指を引っかけられるので、スマホの落下防止になります。人気の理由は、利便性だけにあるわけではありません。かわいいスマホグリップをつけてスマホを持つ手をかわいく演出しましょう。

日本上陸ブランド

　韓国雑貨は日本でも大人気なので、日本の雑貨屋さんにも並んでいます。日本に上陸しているブランドもたくさんあるので、お気に入りを見つけてみてくださいね。また、通販などでも韓国雑貨のカテゴリがあるところも多いので見つけやすいです。

写真提供/Somibeya
somibeya の「リボンケーキ布団カバーセット」

PINKFOOT

　韓国文具シリーズブランドで、にんじんやねこなどをコンセプトにしています。ノートやペン、消しゴムなど、あったらうれしいアイテムの取りあつかいがあります。

イルジョンクリエイティブ

　キャラクターをモチーフにユニークでかわいいアイテムを取りあつかっています。見た目がポップなだけでなく、消しゴム、万年筆など機能性の高いアイテムがあります。

somibeya

　おしゃれでかわいいオブジェのような雑貨からポーチ、スマホケースや家具までさまざまなインテリアアイテムを取りあつかっています。代表商品は韓国寝具ブランドmaatilaの布団セットで、あわく色合いがすてきなアイテムばかりです。

ハズレなしのお土産

韓国で定番のお土産をピックアップ！
韓国ならではのお土産を買って、友達や家族を喜ばせよう。

ハニーバターアーモンド

韓国のお土産として大人気、HBAF のハニーバターアーモンド。ローストしたアーモンドをさまざまな味にコーティングしたおかしです。定番のハニーバター味から、わさび味、ミントチョコレート味など……20種類以上展開されています。

明洞にある公式ショップでは、韓国にしかない味もふくめ全種類購入できます。コンビニでも販売しているので手に入れやすいこともポイント。

写真提供／株式会社TYG商事

薬菓

薬菓は、小麦粉にごま油やはちみつ、酒、塩、砂糖、しょうが、シナモン、カボチャなどを混ぜてあげた韓国の伝統的なおかしです。一口サイズで食べやすく、ほんのり香るシナモンが特徴的。

韓国では一般的なおかしなのでコンビニでも購入でき、ゴールデンピースという高級店も人気です。ゴールデンピースの薬菓はパッケージもかわいいため芸能人も購入しているようです。「韓国らしいおかし」がほしいときは、ぜひ薬菓を買ってみてくださいね。

ⓒ韓国観光公社フォトギャラリー

韓国のインスタント麺

　韓国では日本に負けないほど**インスタント麺が人気です**。辛ラーメンやブルダック麺は、日本でもブームになりましたよね。

　ジンラーメンやアンソンタンメン、ユッケジャンラーメンなど、日本ではあまり見かけないインスタント麺もたくさん売っています。韓国の**コンビニ**や**スーパー**などで一袋ずつ購入できますので、いろいろな味を楽しめるのもうれしいポイントです。

辛ラーメン 袋麺

©NONGSHIM CO.,LTD.

チャパゲティ 袋麺　©NONGSHIM CO.,LTD.

韓国のり

　韓国のお土産といえば韓国のり！日本でも好きな人が多いですよね。本場の韓国のりをわたせば喜ばれるかも。**小分け**にされているものも多いので、**配りやすい**のもうれしいポイントです。

キムチ

　日本でも購入できるキムチですが、本場のキムチは**ひと味ちがうかも**。一般的な白菜キムチはもちろん、さまざまな食材のキムチが売っているので珍しいキムチを買っていくのもおすすめです。

COLUMN

キムチの持ち帰りは 注意が必要！

　キムチは気圧の変化により袋がふくらみ、爆発する危険があるので機内への持ちこみが禁止されています。機内に持ちこむのではなく、預け荷物としましょう。また、液もれしやすいため、厳重に梱包します。購入時に店員さんに伝えればしっかりと梱包してくれますよ。

無料の観光スポット

韓国には、無料で遊べる観光スポットがたくさんあります。
公共の施設が多く、歴史や伝統にふれることができます。

韓国国立中央博物館

　韓国国立中央博物館は、旧石器時代や朝鮮時代の品などを展示しています。貴重な国宝や宝物がたくさん所蔵される世界的に見ても有数な博物館で、敷地（約9万3,000坪）は博物館としては世界で6番目の大きさです。

　常設展示館は無料で観覧でき、日本語解説員の説明を受けたり、日本語解説アプリ（無料）をダウンロードして日本語での解説を視聴したりすることもできます。また、ミュージアムショップには記念品やデザイン雑貨などが多数売られているので、お土産を買うこともできます。

韓国国立中央博物館。アジア最大級の博物館、ぜひ訪れてみたい。

南山公園

　南山公園は明洞の南に位置する公園で、標高270mと少しだけ高いところにあります。公園の面積は289万6,887㎡とかなり広大で、園内には図書館や記念館、博物館、スポーツ施設などがあります。

　見どころは、ソウルの象徴として親しまれるNソウルタワーです。展望台を登ればソウル市内を一望できます。カフェやショップがあり、カップルに人気の「愛の南京錠」は定番の観光スポットです。永遠の愛を約束する意味が、南京錠にこめられているそうです。

©韓国観光公社フォトギャラリー
愛の南京錠。

©韓国観光公社フォトギャラリー
遠くにNソウルタワーが見える。ドラマのロケ地としても有名で四季ごとに景観が変化する。

ⓒ韓国観光公社フォトギャラリー

▲屋内も曲線が特徴的。

◀夜の東大門デザインプラザ。大きく曲線をえがくデザインはまるで大きな宇宙船のよう。

ⓒ韓国観光公社フォトギャラリー

東大門デザインプラザ

　東大門デザインプラザは2014年3月に東大門運動場跡地にできた施設で、近未来的な建築デザインが特徴的です。設立後は、ソウルの新ランドマークとして親しまれています。この建物を設計したのは、曲線の女王とも名高いイラク出身の建築家、ザハ・ハディッド氏。敷地内には、アートホールやミュージアムなどがあり、最新鋭のデザインやアート、技術にふれることができます。

奉恩寺

　奉恩寺は、ソウルの江南区にある、韓国仏教の最大宗派の伝統寺院です。設立は794年と歴史は古く、もともとは新羅の高僧が見性寺という名前で設立しました。境内には韓国最大の弥勒大仏や20以上の伽藍があります。日本の寺とは雰囲気が異なり、韓国仏教ならではの文化にふれることができるため観光地としても人気です。

COLUMN

公園がたくさん！

ソウル市内には、ここでもしょうかいした南山公園のほかにも漢江公園やソウルフォレスト、オリンピック公園など公園がたくさんあります。それぞれ、自然とふれ合えるだけでなく、歴史や伝統にふれられるスポットになっています。

ⓒ韓国観光公社フォトギャラリー

奉恩寺の弥勒大仏は韓国最大の仏像でその高さは23mある。10年かけ、1996年に完工。

チムジルバン

チムジルバンとは、岩盤浴やアカスリなどのさまざまな施設をそなえた韓国式健康ランドです。韓国の人の健康の秘密に迫りましょう。

韓国人の健康の秘密

チムジルバンは、いろいろな岩盤浴やお風呂などがある施設で、韓国国民の憩いの場にもなっています。繁華街や学生街にもあって気軽に利用ができ、店が館内着のTシャツと短パンを貸し出ししてくれるので、すぐにチムジルバンを楽しむことができます。

施設内は、男女別と共用のスペースに分かれており、共用スペースには売店や食堂があります。ほかにも、お風呂やさまざまな種類のサウナはもちろん、フィットネスルームに娯楽コーナー、休憩室や睡眠室もそなわっています。

基本的には24時間営業なので、サウナでじっくり体をあたためてリラックスしたり、アカスリで肌を整えたりするなど、1日中施設の中で過ごす人もいるそうです。子どもからお年寄りまで、みんなに愛されている施設なのです

ね。日本では岩盤浴の一種として人気です。

©韓国観光公社フォトギャラリー

韓国の人々の癒しの場であるチムジルバン。1日のんびり過ごすのもアリかも。

歴史について

チムジルバンの原型は汗蒸幕といわれており、もともとは暖を取るために洞窟で木を燃やしたことが始まりといわれています。汗蒸幕は石で造られた巨大なドームが特徴的な韓国式サウナです。

石で造られたドーム型のサウナ汗蒸幕。麻布をかぶってじっくり汗を流します。

利用について

チムジルバンの利用方法は店舗によって、ちがうことがあるので、ひとつの例としてしょうかいします。

① 入り口で靴をぬいで、靴のかぎを受付に預けます。

② 受付で料金を支払います。料金と引き換えにTシャツと短パン、タオル、更衣室のかぎがわたされます。

③ 更衣室で着替えます。

④ 自由に過ごします。サウナに行ったり、岩盤浴でリラックスしたりして楽しみましょう。

⑤ 最後はお風呂に行って汗を流します。シャンプーやコンディショナーはないところが多いので持参するとよいでしょう。

⑥ 更衣室で洋服に着替えたら、使ったTシャツと短パン、タオルの料金を払います。

（利用料は15,000〜20,000ウォンほど。料金も利用施設によってことなります。）

※サウナや岩盤浴は汗をいっぱいかくので、こまめな水分補給を忘れないようにしましょう！

ドラマでも登場！

実は、チムジルバンで過ごすシーンがドラマで登場することがよくあります。バラエティ番組で取り上げられるなど、韓国の人になじみの深いチムジルバンですが、利用者が頭に巻いているタオルの形が日本では見慣れない形になっています。このタオルの巻き方をヤンモリといい、「羊の頭」という意味があります。2005年に大ヒットしたドラマ『私の名前はキム・サムスン』で主人公がしていたタオルの巻き方がこの形だったので、そこから流行り始めたといわれています。

Koreagram

♥ KOREA_LOVE

#ヤンモリ
#양머리

人気の日本文化

日本でK-POP（ケーポップ）ブームがあるように、韓国国内でもいろいろな日本文化が注目されています。特に若い人たちの間では、近代の日本文化に対するあこがれが高まっているそうです。

児童書

　韓国の書店に行くと、外国語を取りあつかうエリアに日本で生まれた小説や児童書を見つけることができます。韓国で人気の児童書はどのようなものがあるのでしょうか。

　日本で有名な「おしりたんてい」シリーズ（ポプラ社）は、2016年に韓国でベストセラーに輝きました。おもしろいキャラクターと遊び感覚で気軽に楽しめるストーリーが韓国の子どもたちの心をつかんでいるようです。

　また、「ふしぎ駄菓子屋　銭天堂」シリーズ（偕成社）も人気を集めていて、さらに、韓国大手書店のランキングでは、2020年のベストセラーランキング10位以内にランクインするなど好評を得ています。

● 「おしりたんてい」 シリーズ

韓国語訳の『おしりたんてい①』
作者／Troll（トロル）訳／キム・ジョンファ
出版社／Mirae N CO.,Ltd.

● 「ふしぎ駄菓子屋　銭天堂」シリーズ

韓国語訳の『ふしぎ駄菓子屋　銭天堂1』
作／廣嶋玲子　絵／jyajya　訳／キム・ジョンファ
出版社／Gilbutschool

マンガ

　日本は世界の中でもマンガ文化が栄えている国です。日本といえばマンガ文化というほど、日本のマンガは世界中で親しまれ、多くの国の言語に翻訳されています。その中でも、バスケットボールを題材にした『SLAM DUNK』（集英社）は日本と同様に、韓国でも幅広い年代に愛されています。この作品をきっかけに、バスケットボールについてもっと知りたいと思った人はたくさんいるのではないでしょうか。バスケットボール初心者の主人公・桜木花道がさまざまな経験を通して、バスケットボールの技術を磨き、人間としても成長していく姿に多くの読者が心を熱くしました。

韓国語訳の
『SLAM DUNK』
作／井上雄彦
Ⓒ 井上雄彦 I.T.Planning,Inc.

アニメ

　最近は日本のアニメが好きで日本語を勉強する韓国の人が増えているほど、韓国への影響は大きいようです。『鬼滅の刃』（集英社）などは、日本と同じく韓国でも人気です。『クレヨンしんちゃん』や『名探偵コナン』、『ONE PIECE』なども人気が高いです。

日本の旅行先

　ソウルから飛行機で約2時間から3時間ほどかかる日本。数ある観光地の中でも人気が高いのは大阪です。日帰り旅行も可能で、バスや電車の便利さや観光スポットが多いことから人気が高いようです。

Ⓒ 大阪城天守閣

Ⓒ（公財）大阪観光局

日本でも定番の観光スポットは、韓国の人たちにも大人気。

「韓国語でファンレターを書きたい!」と思っている方のために、アイドルへのファンレターの書き方や送り先の調べ方をしょうかいします。

COLUMN **3**
칼럼

ファンレターを書く!

♡ 送り先の調べ方

基本的にはアイドルが所属する**事務所の公式サイトで送り先を確認できます**。韓国の芸能事務所は、日本に拠点を置いているケースも多いため、調べてみましょう。また、「(所属事務所名) 住所」と日本語で検索すると、芸能事務所の住所が出てくる場合もあります。

♡ 宛先の書き方

国際郵便は、**日本と韓国の郵便局員どちらにもわかりやすいように英語で書きましょう。**

グループ内の特定のメンバーに送りたい場合は、送り先の住所を書くとともにグループ名とメンバーの名前を入れましょう。

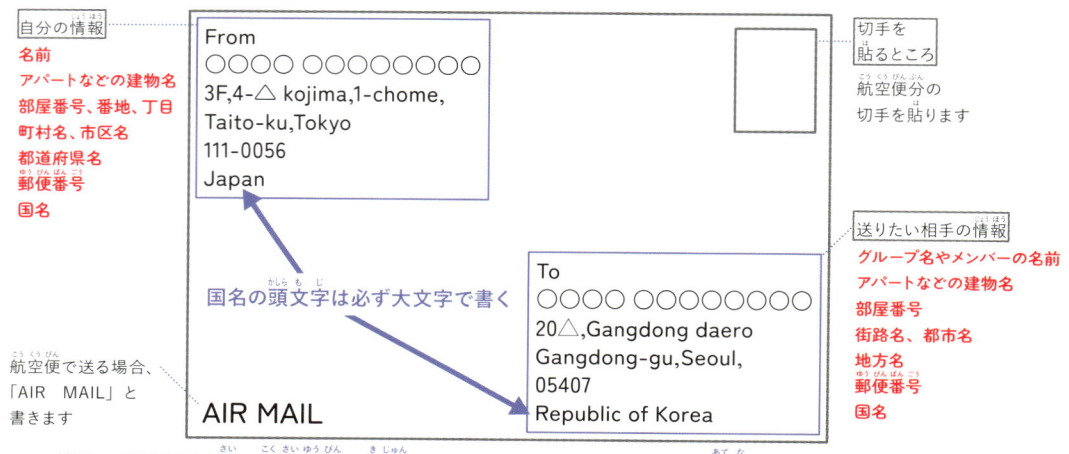

自分の情報
名前
アパートなどの建物名
部屋番号、番地、丁目
町村名、市区名
都道府県名
郵便番号
国名

From
○○○○ ○○○○○○○○
3F,4-△ kojima,1-chome,
Taito-ku,Tokyo
111-0056
Japan

切手を貼るところ
航空便分の切手を貼ります

国名の頭文字は必ず大文字で書く

To
○○○○ ○○○○○○○○
20△,Gangdong daero
Gangdong-gu,Seoul,
05407
Republic of Korea

送りたい相手の情報
グループ名やメンバーの名前
アパートなどの建物名
部屋番号
街路名、都市名
地方名
郵便番号
国名

航空便で送る場合、「AIR MAIL」と書きます

AIR MAIL

韓国に手紙を送る際、国際郵便の基準である英語(ローマ字)で国名、宛名を書くのをおすすめします。

♡ ファンレターの書き方

いよいよ手紙を書いてみましょう。ファンレターの一例をしょうかいします。

사랑하는 ○○

大好きな　○○へ（相手の名前）

안녕하세요.

こんにちは。

저는 일본에 살고 있는 ○○○ 라고 해요.

私は日本に住んでいる○○○といいます。

팬레터는 처음 써봐요.

ファンレターを初めて書いています。

끝까지 읽어 주시면 감사하겠습니다.

最後まで読んでくださったらうれしいです。

제가 팬이 된 계기는 ○○○○를 듣고 부터입니다.

私がファンになったきっかけは○○○○を聴いてからです。

저는 매일 힘든 일이 있어도

私は毎日大変なことがあっても

○○에게 힘을 얻어

○○に力をもらって

열심히 할 수 있어요!

がんばることができます！

앞으로도 응원할거예요.

これからも応援しています。

○○○

○○○（自分の名前）

おすすめの書き出しフレーズをごしょうかい

・건강하세요？（お元気でいらっしゃいますか？）

・요즘 어떻게 지내세요？（最近はいかがお過ごしでしょうか？）

118、119ページのフレーズも参考にしてみましょう！

監修 朴 倍暎（パク ベエヨン）

1967年、韓国生まれ。韓国成均館大学校儒学大学韓国哲学科卒業および同大学大学院韓国哲学科修士課程修了。東京大学大学院人文社会系研究科修士課程および博士課程（倫理学）修了。博士（文学）。専門は東洋哲学。現在、日本女子大学 国際文化学部 国際文化学科 教授。同大学のゼミでは、卒業研究としては東洋哲学関連に加え、K-POPや韓流など、韓国の大衆文化をテーマにしたものも多い。

もっと知りたい！
イマドキ韓国ナビ

2024年12月 初版発行

監修／朴 倍暎
イラスト／株式会社UNIARX（喜多まこ）、新倉サチヨ
デザイン／TwoThree
DTP／匠工房（中山匠）
編著／株式会社エディット
　　　（滝口百佳、古屋雅敏、善家彩、海谷紀和子）、
　　　冨士本昌恵、堀美穂、飯田将平、立川芽衣、
　　　若林萌、田口幸枝
校正／斉藤涼子

発行所　株式会社 金の星社
　　　〒111-0056 東京都台東区小島1-4-3
　　　電話／03-3861-1861（代表）
　　　FAX／03-3861-1507
　　　HP／https://www.kinnohoshi.co.jp
　　　振替／00100-0-64678

印刷・製本／中央精版印刷株式会社

144ページ　24.7cm　NDC380
ISBN 978-4-323-07573-0
乱丁落丁本は、ご面倒ですが、小社販売部宛てにご送付ください。
送料小社負担でお取り替えいたします。
©EDIT Co., Ltd. 2024, Published by KIN-NO-HOSHI SHA,
Tokyo Japan.

参考文献

『アンニョンハセヨ！　韓国文化① 韓国ってどんな国?』（汐文社）

『アンニョンハセヨ！　韓国文化③ 伝統に触れよう』（汐文社）

『現地取材！　世界のくらし② 韓国』（ポプラ社）

『さがし絵で発見！　世界の国ぐに② 韓国』（あすなろ書房）

『もっと調べる 世界と日本のつながり① 韓国』（岩崎書店）

『知っておきたい！　韓国ごはんの常識 イラストで見るマナー、文化、レシピ、ちょっといい話まで』（原書房）

『これならわかる韓国・朝鮮の歴史Q&A』（大月書店）

『はじめてであうアジアの歴史② 韓国・朝鮮の歴史』（あすなろ書房）

『世界の文字と言葉入門③ 朝鮮半島の文字「ハングル」と言葉』（小峰書店）

『目で見る世界の国々② 韓国』（国土社）

『【図書館版】となりの国がよくわかる なるほど韓国おもしろBOOK ①朝鮮半島の歴史 古代から朝鮮王朝まで』（いかだ社）

『知りたい！　世界の国の文化とくらし① 韓国』（国土社）

『推し活に必ず役立つ　ぴったり韓国語』（KADOKAWA）

写真提供：© 韓国観光公社フォトギャラリー
景福宮（Gyeongbokgung Palace　撮影者：Korea Tourism Organization, Lee Bumsu　表紙）／ビビンバ（Jeonju Bibimbap　撮影者：Kim Jiho, Korea Tourism Organization　表紙、P1）／ビンス（Patbingsu　撮影者：Hwang Sunghoon　表紙）／クァベギ（Sokcho Tourist & Fishery Market　撮影者：Themed Tourism Product Development Team, IR Studio　表紙）／梨泰院通り（Itaewon Street　撮影者：Korea Tourism Organization, Lee Bumsu　表紙）／ソンピョン（Songpyeon(Half-moon Rice Cake)　撮影者：Toraii Republic　表紙）／ムクゲ（Mugunghwa-Rose of sharon　撮影者：Korea Tourism Organization Jeon Hyeongjun　裏表紙）